Erlebnis SIEBEN- GEBIRGE

Bonn und der Rhein-Sieg-Kreis
für die ganze Familie

von
Ulrike Walden

W0175578

J.P. BACHEM VERLAG

Die Angaben in diesem Buch basieren auf sorgfältigen Recherchen der Autorin. Es ist jedoch zu beachten, daß die Angaben Änderungen unterliegen. Verlag und Autorin können deshalb keine Haftung für deren Vollständigkeit und Richtigkeit übernehmen. Für Verbesserungsvorschläge und Hinweise auf Fehler sind Verlag und Autorin dankbar.

Die Deutsche Bibliothek – CIP-Einheitsaufnahme

Walden, Ulrike: Erlebnis Siebengebirge : Bonn und der Rhein-Sieg-Kreis für die ganze Familie / von Ulrike Walden. – 1. Aufl. – Köln :
Bachem, 1998
ISBN 3-7616-1367-9

1. Auflage 1998
© J. P. Bachem Verlag Köln, 1998
Einbandentwurf: Heike Unger, Köln
Satz und Druck: Druckerei J. P. Bachem GmbH & Co. KG Köln
Printed in Germany
ISBN: 3-7616-1367-9

Erlebnis
SIEBEN-GEBIRGE

Erlebnis und Spaß für die ganze Familie

Planlosigkeit und Beliebigkeit können am Familienausflugshimmel rasch Gewitterwolken aufziehen lassen. Gute Erlebnisse sind eben nicht immer nur spontan. Manchmal wollen sie auch vorbereitet sein. Es lohnt sich für jung und alt. Denn gut recherchierte Ausflugsziele für Kinder erschließen auch dem Erwachsenen neue Horizonte. Den ersten schon beim Lesen. Familien, Gruppen, Vereine werden die Mischung aus Erzählen und Informieren für die Freizeitgestaltung schätzen, Schulen werden dieses Buch in Projektwochen nutzen.

Mit Sachinformationen und Sagen, Wegbeschreibungen und Spielvorschlägen sowie einem Serviceteil werden im hier vorliegenden Band der **Bachem-Erlebnis-Reihe** familienerprobte Ziele im Rhein-Sieg-Kreis und in Bonn vorgestellt. Mit der Professionalität einer Redakteurin und dem Erfahrungsschatz einer dreifachen Mutter vermittelt die Autorin ihren heimatlichen Lebensraum als Erlebnislandschaft. Besucher und Hinzugezogene finden darin orientierende Freizeithilfen, während die Eingesessenen neue Facetten am Altvertrauten entdecken werden.

Die seit vier Jahren erfolgreichen „Erlebnis-Bände" sind weder Kinder- noch Reiseführer. Vielmehr greifen sie eine Selbstverständlichkeit auf, die heute gepflegt werden will: Kinder und Erwachsene gehen gemeinsam auf Tour – und keiner kommt zu kurz! Den Großen wird Information geboten, auch mal ein Fachbegriff zugemutet, den Kleinen werden die Ziele in ihrer Erzählsprache erschlossen, ohne sich im Jugendjargon anzubiedern.

Mögen klein und groß damit auf vergnügliche Entdeckerreise gehen!

Köln, im März 1998   Wolfgang Oelsner

Inhalt

Eine Zeitreise

Was es sonst noch gibt in Bonn

3. Erlebnis Troisdorf

Wo Drachen lächeln

Auf Schumis Spuren

Zu Dünen und Mooren

Zum Kindergarten der Karpfen

Was es sonst noch gibt in Troisdorf

4. Erlebnis Siegburg

Eine Insel der Stille

Krämer und Gaukler

Spaß im Naß

Was es sonst noch gibt in Siegburg

5. Erlebnis St. Augustin

Einmal abheben

Was es sonst noch gibt in St. Augustin

6. Erlebnis Windeck

Wie einst Tante Emma

Was es sonst noch gibt in und um Windeck

Serviceteil

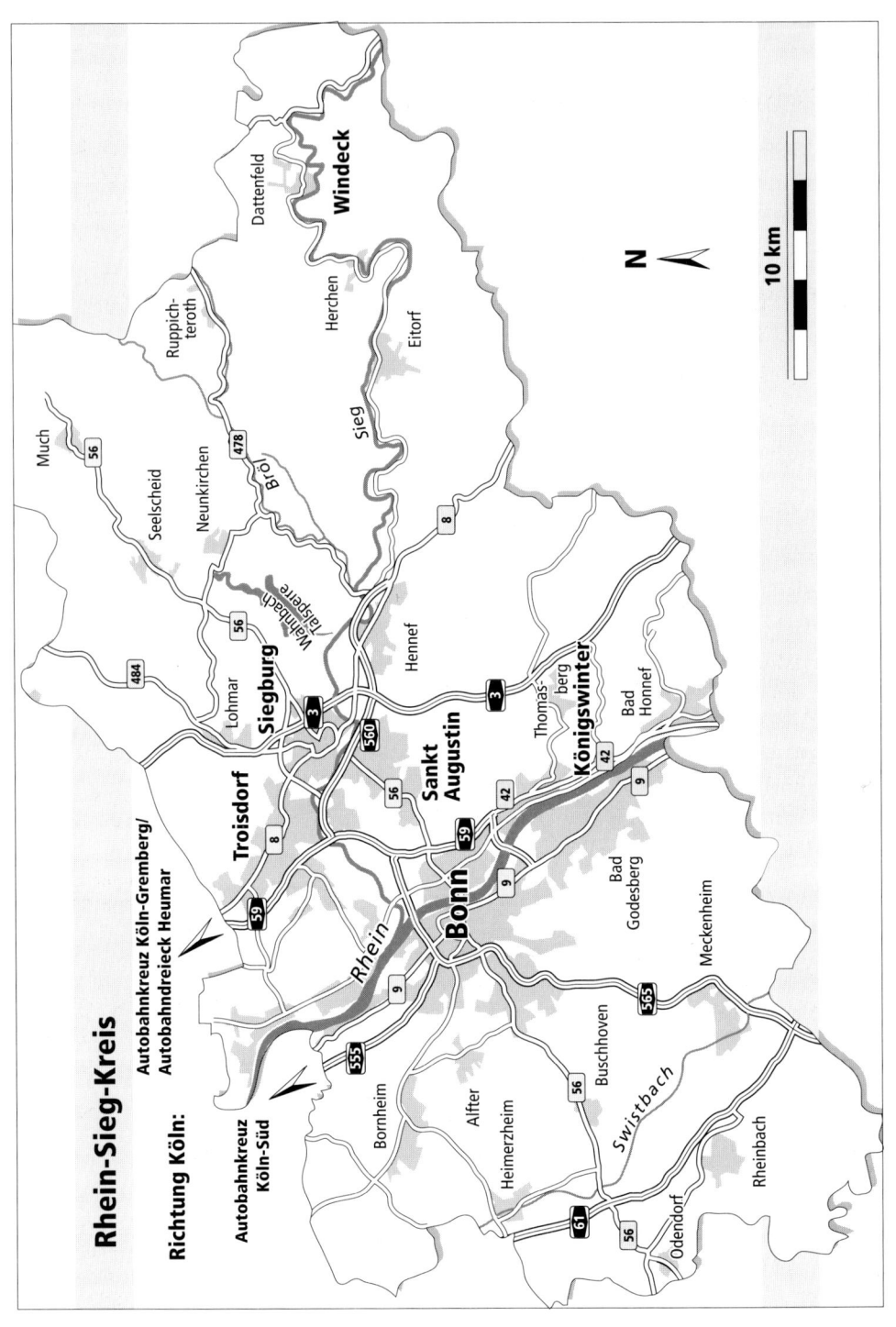

1. Erlebnis Königswinter

Wenn Berge Feuer speien

Zum Weilberg –
Die Entstehung des Siebengebirges

Es ist lange, lange her – etwa 30 Millionen Jahre. Da gab es dort im Siebengebirge, wo Du heute gemütlich spazierengehst, heftige Vulkanausbrüche. Die haben dazu beigetragen, daß das Siebengebirge heute so viele Erhebungen hat. Unter den etwa 40 Kuppen gibt es sieben besonders auffällige Punkte: Ölberg (460 Meter), Löwenburg (455 Meter), Lohrberg (432 Meter), Nonnenstromberg (335 Meter), Petersberg (331 Meter), Wolkenburg (324 Meter) und Drachenfels (321 Meter).

Wie entstehen **Vulkane**? Du weißt sicherlich, daß das Innere der Erde nicht kalt und fest ist. Nur die äußere Erdkruste. Aber schon in einer Tiefe von 40 Kilometern herrschen Temperaturen von mehr als 1000 Grad. Ganz tief drinnen ist das Gestein sogar rotglühend und flüssig. Diese glühende Masse, das Magma (griechisch: „das Geknetete"), steigt an manchen Stellen unter gewaltigem Druck nach oben und sucht sich einen Weg an die Erdoberfläche. Dort, wo die Erdkruste besonders dünn ist, bricht das Magma dann als Lava hervor, entweder als zähflüssiger Brei oder in einer mächtigen Explosion. Berge, aus deren Bauch von Zeit zu Zeit flüssiges Gestein hervortritt, nennt man Vulkane – nach dem römischen Feuergott Vulcanus.

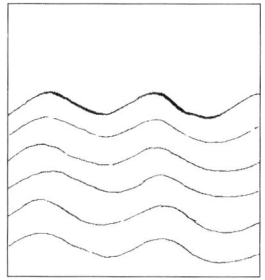

Erdschichten wurden zu einem Gebirge hochgedrückt

Vor etwa 24 Millionen Jahren, nachdem sich das Meer aus diesem Raum zurückgezogen hatte, fing die Gegend, in der heute das Siebengebirge liegt, an zu beben. Erdschichten hoben und senkten sich, heiße Lava preßte sich in die Bruchstellen, Gase entstanden und übten einen großen Druck aus. So kam es zu mächtigen Explosionen, bei denen sich die Erdkruste mit mehreren Schloten und Spalten öffnete. Es wurden gewaltige

Regen, Sonne + Schnee gingen auf die Erde nieder: Das Gebirge wurde abgetragen

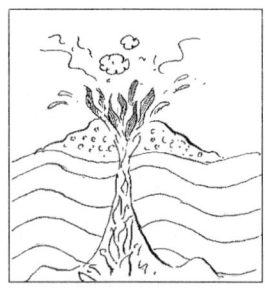

Da brach ein Vulkan aus. Glühende Steine wurden emporgeschleudert und aufgehäuft.

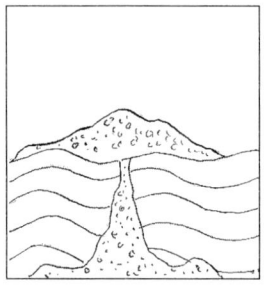

Die Steine kühlten sich ab. Sie bildeten eine Tuffschicht (oben).

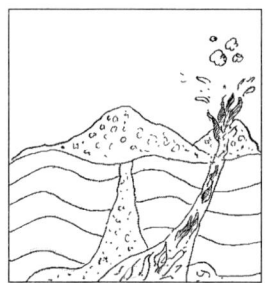

Viel später brach der Vulkan an einer anderen Stelle aus.

Mengen glühender, feinster Steinchen (vor allem Trachyt) herausgeschleudert, die sich in Glutwolken auf der Ebene ausbreiteten. Die Gegend war damals ja noch recht flach. Deshalb erstreckte sich diese Masse über ein Gebiet von 40 Kilometern Länge – von Remagen bis Porz. Als sich die Asche abgekühlt hatte, bildete sie eine dicke, feste Schicht. Man nennt sie Trachyt-Tuffschicht. Diese Tuffdecke war im Siebengebirge mindestens 200 Meter dick. Viele tausend Jahre später brach der gleiche Vulkan an anderer Stelle wieder aus. Aber die Lava blieb im Tuff stecken und wölbte nur einen hohen Berg auf. Das geschah noch mehrere Male. Zunächst führte die nach oben drängende Lava vor allem Trachyt mit sich, später brachen glutflüssiger Latit und endlich glutflüssiger Basalt aus. Immer erstarrte das Magma im Aschegebirge zu einem Kegel unter dem hochgedrückten Tuff. So entstanden im Siebengebirge Berg um Berg. In den folgenden Millionen Jahren verwitterten die obersten Tuffschichten durch die Einwirkung von Regen, Schnee, Wind und Sonne. Schließlich blieb das von festem Tuff ummantelte harte vulkanische Gestein.

Aus dem Trachyttuff bauten die Menschen in Königswinter lange Zeit **Backöfen**. Denn der weiche, leicht zu bearbeitende Stein, speichert die Hitze gut. Der **Backofenbau** war ein wichtiger Wirtschaftszweig. In Königswinter wurde der Stein unter Tage abgebaut und schon einmal grob bearbeitet. Diese „Rohlinge" brachte man mit Schiffen, Pferdefuhrwerken und Eisenbahn zu den Bäckern. Oder zu den Backgemeinschaften, denn früher benutzten mehrere Menschen gemeinsam einen Backofen.

Der „jüngste" vulkanische Stein ist also der Basalt, der „älteste" der Trachyt. Am **Weilberg** kannst Du einen Einblick in die Erdgeschichte bekommen. Der Weilberg ist etwa 800 Meter von Kloster Heisterbach entfernt. Hier findest Du auch eine hohe Auszeichnung, die das Naturschutzgebiet Siebengebirge erhalten hat: das „Europadiplom".

Der **„Aufschluß" am Weilberg** zeigt die verschiedenen Erdschichten. Ganz oben eine helle Lage, den Trachyt-

Der Weilberg

tuff. Darunter zeichnet sich eine rote Linie ab, hier berührte die glühende Basaltlava den Tuff, der an dieser Grenze verbrannte, sonst aber standhielt. Die Lava darunter erstarrte, in den unteren Schichten bildete sie Säulen. Später durchbrach noch einmal junger Basalt den alten und erstarrte in der oberen Tuffschicht. Neben dem Weilberg bestehen auch der Ölberg und der Petersberg aus Basalt. Der Drachenfels ist aus Trachyt, die Wolkenburg und der Stenzelberg sind aus Latit. Das **Siebengebirgsmuseum** in Königswinter hält Gesteinsproben zum Vergleich bereit.

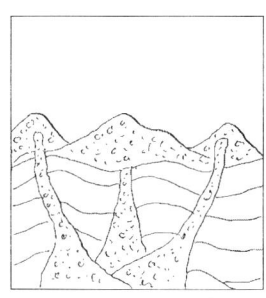

Die Lava blieb im Tuff stecken.

Der **Stenzelberg,** der südöstlich in unmittelbarer Nähe des Weilberges liegt, zeigt im übrigen ganz besonders deutlich, welche Auswirkungen der Steinabbau hatte: Bereits im 13. Jahrhundert lieferte der Stenzelberg Steine für den Bau der Kirche und der Abtei des **Klosters Heisterbach**. Und der Steinabbau dauerte noch lange an. Schließlich war fast die ganze Kuppe des Berges abgetragen.

Die steilen Wände des früheren Steinbruches am Stenzelberg sind heute beliebte Übungswände für Kletterer.

Wo gibt es heute noch Vulkane?

Überall auf der Welt gibt es heute noch Vulkane. Die meisten davon sind wahrscheinlich für immer erloschen. Das kann aber niemand mit Sicherheit voraussagen. Man kennt heute etwa 500 Vulkane, die noch nicht zur Ruhe gekommen sind (aktive), 100 davon liegen auf dem Meeresgrund. Die meisten tätigen Vulkane findet man rings um den Pazifischen Ozean. Sie bilden einen Gürtel, den man Feuerkreis nennt. Auch in Deutschland gibt es Vulkane. Der bekannteste ist der Vogelsberg in Hessen. Wahrscheinlich ist er für alle Zeiten erloschen.

Für alle Zeiten erloschen

Berühmte Vulkane

Aconcagua, Argentinien (6957 Meter über dem Meeresspiegel)
Cotopaxi, Ecuador (5897 Meter)
Popocatepetl, Mexiko (5451 Meter)
Maunaloa, Hawaii (4170 Meter)
Erebus, Antarktis (3794 Meter)
Ätna, Sizilien (3340 Meter)
Hekla, Island (1500 Meter)
Pelee, Martinique (1397 Meter)
Vesuv, Italien (1277 Meter)
Krakatau, Sundastraße (813 Meter)

Fast 10 000 Meter hoch

Der größte Vulkan der Erde ist der Maunaloa auf Hawaii: Vom Boden des Pazifischen Ozeans gemessen, beträgt seine Höhe fast 10 000 Meter. Der Vulkan Aso in Japan hat den größten Krater. Er ist zwischen 16 und 20 Kilometer breit und hat einen Umfang von 114 Kilometer.

Vor mehr als 2000 Jahren begrub ein Ausbruch des **Vesuvs** die Stadt **Pompeji** unter einer dicken Aschendecke. Der Ausbruch kam so plötzlich, daß kaum einer der Bewohner fliehen konnte.

Dazu gibt es eine Geschichte, die wir einem „Treff-Schülerbuch" von 1990 entnommen haben.

Giuseppe und die Ziegen

An diesem Vormittag im Jahre 79 nach Christi Geburt herrschte in der römischen Stadt Pompeji das übliche Treiben: Händler boten Oliven und Obst an, Hühner gackerten in den Straßen, Kinder spielten, wurden ausgeschimpft oder liebkost. Zur Schule gingen nur die Kinder der reichen Bürger. Die anderen halfen bei der Arbeit. Das tat auch Giuseppe. Meist hütete er die Ziegen am Berghang des Vesuv. Seine Mutter machte aus der Ziegenmilch Käse. Giuseppe ging gerne mit den Ziegen hinaus. Heute aber mußte er sich über sie ärgern. „So kommt doch, ihr störrischen Biester!" rief er immer wieder und versuchte, sie auf den Berghang zu treiben. Aber selbst Schläge halfen nicht. Die Ziegen waren unruhig und zogen ihn zum Meer. „Gut, dann gehen wir eben heute da hin." Giuseppe folgte seinen Ziegen. Er ahnte nicht, daß sie ihm das Leben retten sollten. In der Mittagszeit, weit außerhalb der Stadt, hörte er plötzlich ein dumpfes Grollen. Erschrocken blickte er auf. Das Grollen wurde stärker, er fühlte den Boden unter sich wanken. In panischer Angst flohen die Ziegen, er stürzte kopflos hinterher. Voll Schrecken blickte Giuseppe sich um. Aus seinem geliebten Berg schoß ein Sprühregen von Asche und glühenden Steinen. Ein schrecklicher Donner warf Giuseppe zu Boden. Der Berg explodierte. Schon verdunkelte eine riesige schwarze Wolke die Sonne. Dann regneten zwei Tage lang brennende Steine und glühende Asche auf Pompeji. Menschen, Tiere, Häuser und Kunstwerke wurden unter einer sechs Meter hohen Schicht aus Asche begraben. Die Stadt, die Giuseppe so liebte, war ausgelöscht, seine Eltern und die Geschwister waren verschüttet. Giuseppe allein war davongekommen. Aber trotz allem ist er nie aus dieser Gegend fortgezogen. Er mochte sich von seinem geliebten Berg nicht trennen.

Das Europäische Diplom

Sprühregen von Asche
und Steinen

Eine Wanderung

Die Entstehung des Siebengebirges erschließt sich bei einer Wanderung, die wir in Heisterbacherrott beginnen (Deutsche Bundesbahn bis Bahnhof Niederdollendorf, Stadtbahn-Linie 64/66 bis Oberdollendorf, dann

Die Erdgeschichte des Siebengebirges

Am schönsten bei Sonnenaufgang

RVK-Linie 521). Am Ortsrand von Heisterbacherrott lassen wir das Gutsgebäude mit seinen schönen Bäumen rechts liegen und folgen dem schnurgeraden Feldweg westwärts (Wegezeichen I) zum Großen Weilberg. Der Weg zu dem ehemaligen Steinbruch ist ausgezeichnet und führt zu Aussichtspunkten. Dort wird auf Tafeln sehr anschaulich erklärt, wie der Weilberg und auch die anderen Berge des Siebengebirges entstanden sind. Von einer höher gelegenen Plattform aus läßt sich ein guter Einblick in den früheren Steinbruch gewinnen. Hier erläutert eine weitere Tafel die Erdgeschichte des Siebengebirges. Wir folgen dem markierten Rundwanderweg (2) über die Straße zum Stenzelberg. Da kannst Du sehen, daß der Stein an manchen Stellen offenbar nicht zum Bauen geeignet war. Die Steinbrecher ließen ihn als Felstürme stehen. Wir folgen dem Rundweg weiter bergab, bis wir den Weg „R" erreichen, der zunächst in südöstlicher Richtung zum Großen Ölberg (460 Meter hoch) führt. Links eröffnet sich bald einer Lichtung mit einer herrlichen Aussicht, rechts steigt die Rosenau an, hinter der liegt weiter westlich der Nonnenstromberg. Nun geht es durch den Wald auf den Ölberg. Der Weg wird anstrengend. Vom **Gipfel des Ölbergs** aus hat man einen tollen Blick auf den Rest des Siebengebirges, auf Westerwald, Rheintal und Eifel. Am schönsten soll es hier bei Sonnenaufgang sein. In der Berggaststätte können wir ausruhen. Dem Wanderweg R folgen wir dann zur Margarethenhöhe (Ausgangspunkt für viele Wanderungen ins Siebengebirge), queren die Landstraße von Königswinter nach Ittenbach und halten uns weiter an das Wegezeichen. Bald erreichen wir den Nasseplatz. Im nahegelegenen Steinbruch sieht man den Trachyt und Trachyttuff des **Lohrberges**. Den Lohrberg besteigen wir aber nicht, sondern gehen den Wanderweg weiter zum Löwenburger Hof. Durch Buchenwald wandern wir auf die **Löwenburg** (455 Meter). Dort schauen wir uns die Burgruine an. Von hier aus gehen wir dem Weg K nach in Richtung Königswinter (Rückfahrt auch mit dem Bus möglich).

Länge des Weges etwa 11 Kilometer (Heisterbacherrott bis Ittenbach).

In die Höhle des Ungeheuers

Rund um den Drachenfels

Der **Drachenfels** (321 Meter hoch) ist das älteste Natur- ⇨ Seite 137
schutzgebiet Deutschlands. Und vor allem ist er das
bekannteste Ausflugsziel im Siebengebirge. Deshalb
vorab eine Warnung. Für einen Ausflug dorthin solltest
Du einen Tag auswählen, der zwar eine klare Sicht ver-
spricht, aber nicht in die Hochsaison fällt. Sonst ist hier
einfach zu viel Betrieb. Noch eine Warnung: Kinder, die
ausgesprochen gehfaul sind, sollten ihre Eltern dazu

**Die Talstation der
Zahnradbahn um 1883**

überreden, ihnen einen Ritt mit
dem Esel bis zur Drachenburg zu
spendieren (nur samstags und
sonntags sowie in den Sommerferi-
en; 15 Mark pro Kopf). Denn der
Fußweg, der an der Talstation der
Zahnradbahn beginnt, ist strecken-
weise recht steil. Natürlich macht
Eselreiten vielen einfach auch
mehr Spaß als Laufen. Früher wurden die Grautiere übrigens bei der
Arbeit im Weinberg eingesetzt. Als
im vergangenen Jahrhundert der
Fremdenverkehr eine immer
größere Bedeutung bekam, fing man an, den Eseln Besucher auf den Rücken zu packen. Wenn Dir nicht nach
Wandern ist, kannst Du auch mit der Zahnradbahn
bergauf fahren, die es seit 1883 gibt. Die ist allerdings
ebenfalls ziemlich teuer (5–13 Mark).

Doch Du gehörst bestimmt zu den tapferen Wanderern
und nimmst die Strecke gerne unter die Füße. Du mußt
von der Talstation der Zahnradbahn in Königswinter,
die umgeben ist von lauten Erwachsenenkneipen mit
Musikbands, schon eine Stunde Zeit rechnen. Nicht
ganz so steil ist übrigens der Weg, der an der Landstraße L 331 (Königswinter-Ittenbach) beginnt. In jedem Fall wirst Du, oben angekommen, mit einem tollen
Rundblick belohnt. Wenn Du eine Wanderkarte mitgenommen hast, kannst Du besser deuten, was Du siehst.
Erkennst Du zum Beispiel die beiden Inseln Nonnen-

**Auf dem Weg nach oben:
Die „größte
Bockwurst am Rhein"**

Die alte Zahnradbahn

werth, die schon zum Bundesland Rheinland-Pfalz gehört? Und die Insel Grafenwert? Vielleicht erblickst Du am Horizont sogar die Spitzen des Kölner Domes.

Von der Drachenburg ist nur eine **Ruine** geblieben. Die Burg ist von dem Kölner Erzbischof Arnold gebaut worden und war 1170, also im Mittelalter, fertig. In der Mitte stand ein sogenannter Bergfried. Den Turm kannst Du Dir anschauen. In den zogen sich die Bewohner bei einem Angriff zurück. Denn er war gesichert. Barbara Stein schreibt in ihrem schönen Kinderbuch vom Siebengebirge: „Der Bergfried hatte drei Stockwerke. Der Eingang lag im mittleren Stockwerk und konnte nur mit einer Leiter erreicht werden. Dadurch war der Eingang zum Bergfried besonders geschützt. An der Nordseite des Turms ist der Eingang heute noch zu sehen. Das untere Stockwerk diente manchmal als Lagerraum und wurde auch als Verlies für Gefangene genutzt."

Außerdem, erklärt sie weiter, hätten zu der Burg noch eine Kapelle, Wohnungen für die Dienstboten und der „Palas" gehört. Im Palas befanden sich die Wohnräume für den Burggrafen und seine Familie, ein großer Saal für Festlichkeiten und auch die Küche mit den Vorratskammern. Davon ist jedoch nur ein Mauerstück übriggeblieben – mit einem vergitterten Fenster, das man wegen der Aussicht das „Kölner Fenster" nennt. Was meinst Du: Woher bekamen die Burgbewohner ihr Wasser, das sie zum Kochen und Waschen gebrauchten? Um einen Brunnen zu bohren, war der Berg zu hoch. Deshalb haben die Leute das Regenwasser in sogenannten Zisternen aufgefangen.

Trachit vom Drachenfels für den Kölner Dom

400 Jahre blieb die Burg im Besitz des Ritters Godart und seiner Nachkommen. Die Burggrafen wurden reich, weil sie in den **Drachenfelser Steinbrüchen** den Vulkanstein **Trachyt** fördern ließen. Trachyt ist ein grau-brauner Stein, den Du an Feldspatkristallen er-

kennst, an Einsprengseln eines farblosen Minerals im Stein. Mineralien wie Feldspat sind die Bestandteile der Steine. Den Trachyt, aus dem auch die Burg auf dem Drachenfels gebaut war, verkauften die Burgherren als Baustein für Häuser und Kirchen wie den Kölner Dom. Sogar Kanonenkugeln wurden daraus gemacht (zu bestaunen im Siebengebirgsmuseum). Auf alten Abbildungen von der Drachenburg kann man eine Schneise sehen, die sich über die Steilwand bis zum Rhein erstreckte. Auf dieser „Rutsche" wurden die Steine ins Tal geschleift.

Bereits in der Römerzeit, also vor 2000 Jahren, sind jedoch am Drachenfels Steine abgebaut worden. Damals stand noch keine Burg auf dem Berg. Die Römer waren in das Land eingedrungen und errichteten an mehreren Stellen Lager. Eins davon war in Bonn, das damals

Die Burgruine des Drachenfels

noch keine Stadt, sondern ein kleines Dorf war. Die römischen Soldaten suchten Bausteine und fanden sie am Drachenfels. Solche Brocken kannst Du heute noch unterhalb des Parks von Schloß Drachenfels sehen, im **Felsenmeer des Rüdenets**. Sie sind schon in Urzeiten an die Oberfläche getreten. An 40 dieser Felsbrocken kannst Du noch Spuren davon entdecken, daß sie einmal von den Römern bearbeitet worden sind. Das hier und vor allem am Westhang in Steinbrüchen von den Römern gewonnene Baumaterial wurde auf Schiffe geladen und nach Bonn und Köln gebracht. Nach dem Trachyt ist der Drachenfels (also eigentlich „Trachytfels") übrigens benannt und nicht nach dem feuerspeienden Ungeheuer, das hier oben mal gehaust haben soll. Doch davon später. Die jahrhundertelangen Steinbrucharbeiten haben dem Berg so zugesetzt, daß er in den siebziger Jahren unseres Jahrhunderts mit Stahlankern gesichert werden mußte. Die sieht man, wenn man unterhalb der Ruine, nach oben schaut.

Wie stolz die Burgherren auf ihren Trachyt waren, beweist eine **Legende.**

Sagenhafter Drachenfels

Der Burggraf gab einmal ein prunkvolles Fest, zu dem viele Ritter des Landes eingeladen waren. Und die konnten es nicht lassen, mit ihrem Reichtum zu protzen. So zeigten sie sich gegenseitig ihre Ringe und wetteiferten darin, welcher mit den schönsten Edelsteinen geschmückt und am wertvollsten sei. Auch der Burgherr vom Drachenfels wies seinen Ring vor. Auf dem funkelten jedoch keine Edelsteine. Der Burgherr hatte sich ein Stück Trachyt in seinen Ring einarbeiten lassen. Dieses Schmuckstück, meinte der Burggraf, sei genau so wertvoll wie all die anderen Ringe mit ihren Juwelen. Die Gäste lachten ihn schallend aus. Aber der Burggraf sagte: „Er glänzt nicht so wie Eure, aber er bringt mir jährlich viele hundert Gulden ein von den kölnischen Domherren, die den Stein zum Kirchenbau brauchen; was nützen Euch dagegen Eure Steine?" Der Stein vom Drachenfels war in der Tat sehr begehrt. Sogar weit rheinabwärts, für den Bau des Xantener Domes, wurde er verwandt.

Anfang des 17. Jahrhunderts, während des 30jährigen Krieges, in den viele Länder verwickelt waren, wurde die Burg zerstört. Was von ihr übrigblieb, machte man absichtlich kaputt, um Wegelagerern, also Räubern, die Reisende überfielen, und fremden Soldaten keinen Unterschlupf zu bieten.

Nun kommen wir aber zu den wesentlichen **Sagen über den Drachen auf dem Drachenfels,** von denen wir die erste nach Jörg Uther erzählen wollen:

Von grimmigen Monstern

Während die Menschen auf der linken Rheinseite schon zum Christentum bekehrt waren, hausten auf der anderen Seite noch wilde Heiden. Die waren gefürchtet, weil sie immer wieder herüberkamen, die Menschen im

Linksrheinischen überfielen und mit Beute beladen in ihre Heimat zurückkehrten. Bei einem dieser Raubzüge hatten sie auch eine christliche Königstochter entführt. Der Sohn des Herrschers von der Löwenburg sah sie und verliebte sich sofort in sie. Aber sie wollte mit einem Heiden, der nicht an Christus glaubte, nichts zu tun haben.

Nun wohnte damals in einer Höhle des Drachenfels ein grimmiges Ungeheuer, der Schrecken des ganzen Landes. Kein Ritter traute sich, mit dem Drachen zu kämpfen, weil er so furchtbar gefährlich war. Um ihn friedlich zu stimmen, wollten ihm die Leute das Mädchen opfern. Am frühen Morgen des nächsten Tages, als der Drache noch in seiner Höhle schlief, schleppten die Leute das arme Mädchen auf den Felsen und fesselten es an einen Baum. Viele, viele Neugierige strömten herbei. Unter ihnen war auch der Königssohn von der Löwenburg. Er hätte die junge Frau gerne gerettet, aber er wagte es nicht. Denn er hatte Angst vor den anderen, die das Opfer beschlossen hatten.

„Der Boden erzitterte unter seinen Schritten."

Das Mädchen aber zeigte überhaupt keine Angst. Es vertraute darauf, daß der liebe Gott ihm schon helfen würde. Die Königstochter zog aus ihrem Gewand ein Kruzifix, ein Christuskreuz, und sah es ganz fest an. Bestimmt hat sie auch gebetet. Plötzlich trat der Drachen aus der Höhle, schnaubte wild und spähte nach Beute. Und als er sein Opfer sah, stürmte er los. Der Boden erzitterte unter seinen Schritten. Aber als der Drache das Kruzifix sah, befiel ihn lähmender Schrecken. Betäubt stürzte er zu Boden und rollte von dem hohen Felsen in den wild aufschäumenden Fluß. In dem fand er sein Grab. Die Heiden aber fielen dem Mädchen zu Füßen. Die junge Frau ließ aus ihrer Heimat Priester kommen, die die Menschen tauften. Und als sich auch der junge Königssohn von der Löwenburg zum Christentum bekehrt hatte, wurden die beiden ein Paar.

Eine andere Sage berichtet, das Ungeheuer sei ganz anders zu Tode gekommen: Es habe feuerfauchend ein Schiff auf dem Rhein angegriffen. Das aber sei mit Munition beladen gewesen. Der brennende Atem ließ

Die Nibelungenhalle

Das „Kölner Fenster" auf dem Drachenfels

das Schiff explodieren und auch den bösen Drachen. Klingt schrecklich, aber so sind Sagen und Märchen manchmal.

Die Höhle des Drachen kannst Du heute noch besichtigen. Und zwar, wenn Du die **Nibelungenhalle** besuchst, die weiter unten am Drachenfels liegt. Sie ist ein merkwürdiges Gebäude, in dem alles an germanische Sagen erinnert. Die Halle wurde zum 100. Geburtstag des Komponisten Richard Wagner gebaut. Du kannst darin, begleitet von der Musik aus dessen „Ring der Nibelungen", düstere Gemälde sehen, die sowohl mit Wagners Werken als auch mit den Sagen zu tun haben.

⇨ Seite 137

Vor allem beziehen sie sich auf die Nibelungensage, bei der ebenfalls ein Drache eine große Rolle spielte. Das soll aber wieder ein anderer Drache gewesen sein. Nämlich jener, den der junge Held Siegfried tötete. Siegfried badete dann im Blut des Ungeheuers und wurde unverwundbar. Bis auf eine kleine Stelle am Körper, auf die ein Blatt gefallen war. Eben dort wurde er dann auch tödlich getroffen. Aber das ist eine Geschichte aus einer anderen Gegend, und sie ist mächtig lang und verwickelt. Bevor wir die Halle verlassen, gucken wir uns noch einmal den Boden an: Auf dem ringelt sich das Abbild der mächtigen Midradschlange, die sich, so glaubten einst die Germanen, um die Erdscheibe ringelte und mit ihrem Atem Ebbe und Flut auslöste. Ja, ganz früher glaubten die Menschen, die Erde sei eine Scheibe.

Einst glaubten Menschen, die Erde sei eine Scheibe.

Hier, bei der Nibelungenhalle finden wir sie nun endlich, die **Höhle des Drachens**. Du erreichst sie durch einen verwinkelten, 40 Meter langen Gang, und dann stehst Du in einem kleinen Hof mit dem steinernen Monster. Es erinnert stark an einen Dino. Aber, mal ehrlich, schreckenerregend groß kann der Drachenfels-Drache nun wirklich nicht gewesen sein, wenn er auf diesem Fleck hier Platz fand, oder?

Ähnlichkeit mit den Dinos haben auch manche Tiere in dem kleinen **Reptilienzoo**, in dem es bullig warm ist. Warum, erklärt Krokodil Heinrich auf einem Plakat: Die Körpertemperatur des Menschen bleibt weitgehend

Warum es im Reptilienzoo so warm ist …

**Schloß
Drachenburg**

gleich, egal, ob es draußen Sommer oder Winter ist.
Doch die Körpertemperatur eines Krokodils richtet sich
nach der Umgebung. Die muß deshalb gut warm sein.
Außer Mississippi-Alligatoren und Basilisken (sehr dino-
ähnlich!) findest Du hier eine Menge beeindruckender
Schlangen in zum Teil knallbunten Farben: Kletternat-
tern, Gitter-Pythons, Tigerpythons. Und, so recht zum
Gruseln, auch eine Vogelspinne. Vogelspinnen leben
zum Beispiel in Südamerika.

Gegenüber der Nibelungenhalle erinnert das wieder
aufgebaute Weingut Kuckstein daran, daß sich die Re-
benhänge früher bis hierher erstreckten. Auf dem
Gelände befinden sich auch mehrere alte Keltern, mit
denen der Saft aus den Trauben gepreßt wurde.

Auf halber Höhe zwischen Talstation und Burgruine liegt in einem hübschen Park zum Picknicken (Trachyt aus der Römerzeit!) auch **Schloß Drachenburg,** ein Märchenschloß mit vielen Bögen, Säulen, Türmen, Erkern und Balkonen. Es wird zur Zeit von Grund auf in Ordnung gebracht. Gebaut hat die Drachenburg Stephan Baron von Sarter (1833-1902). Er stammte aus einer Bonner Gastwirtsfamilie und lernte im Kölner Bankhaus Salomon Oppenheim jr. & Co. den Beruf eines Börsenmaklers. 1862 ließ er sich in Paris nieder und hatte als Finanzberater viel Erfolg. Unter anderem trug er zum Bau des Panama-Kanals bei. 1881 wurde er geadelt, zwei Jahre, nachdem er das Gelände am Drachenfels gekauft hatte. Doch er hat in seinem Schlößchen nie gewohnt. Er starb in Paris. Begraben ist er jedoch auf dem Friedhof in Königswinter. Nach seinem Tod hat Schloß Drachenburg oft den Besitzer gewechselt. Im ↪ Seite 137 Frühjahr 1989 hat die Nordrhein-Westfalen-Stiftung Naturschutz, Heimat- und Kulturpflege die Drachenburg gekauft. Sie unterstützt die Restaurierung.

Die Bauherren der Drachenburg haben sich von vielen anderen Gebäuden, die sie bewunderten, etwas abgeguckt: Von den Burgen des Mittelalters die Zinnen und Türme, vom Kölner Dom die spitzen Bogen. Besonders prächtig wirkt die Innenausstattung: Im Nibelungensaal ist auch hier, auf Wandgemälden von Frank Kirchbach, die Nibelungensage dargestellt. Im Treppenhaus sehen wir das Gemälde „Überführung des Grundsteins zum Kölner Dom". Du kannst Dir nun schon denken, worum es bei diesem Gemälde Ferdinand Kellers geht: 1248 wurde mit dem Bau des Kölner Doms begonnen. Der Trachyt für den Dombau wurde aus dem Drachenfels herausgebrochen. Das Bild zeigt in der Mitte den Kölner Erzbischof Konrad von Hochstaden, der den Grundstein segnet. Dieser Grundstein liegt auf einem Ochsenkarren. Am linken Bildrand steht Dombaumeister Gerhard von Rile mit dem Plan des Domes in der Hand. Davor ein Junge mit dem Modell des Domes. Links im Bild ist die Wolkenburg mit ihren Steinbrüchen, in der Mitte die Burg auf dem Drachenfels und rechts das Rheintal mit der Insel Nonnenwerth.

Interessant ist auch das Bild „Turnierszene auf dem Neumarkt zu Köln". Es soll das letzte Ritterturnier auf deutschem Boden darstellen, das Mitte des 17. Jahrhunderts stattgefunden haben soll.

Wie die Reichen früher lebten

Wenn Du durch die Räume gehst, bekommst Du einen Eindruck davon, wie reiche Leute damals gerne lebten. Es gibt einen Empfangssaal, einen Speisesaal und ein extra Frühstückszimmer, ein Jagdzimmer mit Gewehrschränken, eine Kunsthalle und eine Bibliothek, ein Kneipzimmer zum Weintrinken, einen Musiksaal und einen eigenen Bereich für Ehrengäste.

Nachdem Du nun so viel besichtigt hast, wollt Ihr, wenn Ihr kein Picknick mitgebracht habt, vielleicht etwas essen und trinken. Obwohl der Drachenfels ein Zentrum des Fremdenverkehrs ist, sind die Preise – übrigens auch oben an der Ruine – durchaus noch bezahlbar. Beispiel: Frische Waffeln mit Puderzucker und Sahne 9,90 Mark.

Extras:

Lohnender Abstecher

Lohnend ist auch ein Abstecher zum **„Milchhäuschen"**, der Waldwirtschaft mitten im Siebengebirge, etwa eine halbe Stunde unterhalb der Nibelungenhalle. Der Weg ist ausgeschildert. Das „Milchhäuschen" ist ganzjährig montags bis samstags von 11 Uhr an geöffnet, sonntags von 10 Uhr an (Tel. 02223-24446, Fax 02223-22837).

⇨ Seite 137 Außerordentlich reizvoll sind **Kutschfahrten** auf den Drachenfels oder durch das Siebengebirge (Drachenfels aufwärts 1 bis 4 Personen 60 Mark, jede weitere Person 15 Mark, abwärts 1 bis 4 Personen 30 Mark, jede weitere Person 7,50 Mark. Einstündige Rundfahrt 1-4 Personen 60 Mark, jede weitere Person 15 Mark). Standorte der Kutschen: Drachenfelsbahn, Wilhelmstraße/Bahnübergang, unter der Drachenbrücke, Bundesbahnhof und Eingang Nachtigallental.

Eine geheimnisvolle Ruine

Das Kloster Heisterbach

Rund um das Siebengebirge ranken sich viele Sagen. Einen besonders geheimnisvollen Platz wollen wir heute besuchen: das Kloster Heisterbach, 1192 von Zisterziensermönchen gegründet.

Dazu gibt es folgende Geschichte:

Es war einmal ein junger Ordensmann, der hieß Maurus. Er grübelte über einen Satz in der Bibel nach, den der Apostel Petrus aufgeschrieben hat: "Tausend Jahre sind vor dem Herrn wie ein Tag und ein Tag wie tausend Jahre." Er begriff diese Worte nicht, konnte sie nicht glauben. Um frische Luft zu schnappen, ging er in den Klostergarten und atmete tief durch.

Plötzlich hörte er Gesang von einem Vogel. Der klang so süß, daß der Mönch das Grübeln vergaß. Er folgte dem Vogel, der von Baum zu Baum flog, immer wieder ein neues Lied anstimmte und sich schließlich auf einen Tannenzweig außerhalb der Klostermauer setzte. Maurus, der von dem Lockruf des Vogels wie verzaubert war, verließ den Klostergarten, eilte dem Vogel nach durch den Wald, und fand sich endlich in einer tiefen Schlucht wieder. In der funkelte, von den Strahlen der Sonne fast glühend, eine Quelle. Maurus genoß den schönen Anblick, den Duft des Waldes und die Wärme.

Doch jäh ging die Sonne unter, und aus dem Gebüsch kroch Kälte. Der Mönch begann zu frieren und wollte sich auf den Heimweg machen. Aber die Ranken von Brombeersträuchern griffen nach seiner Kutte und hielten ihn fest. Nur mit Mühe konnte der junge Mann sich befreien. Von weitem hörte er die Abendglocke des Klosters, die zum Gebet rief. Als Maurus endlich den Rückweg geschafft hatte, war die Pforte jedoch schon geschlossen. Maurus klopfte an, und es war ihm sehr peinlich, daß er zu spät kam. Er entschuldigte sich demütig und wollte schnell an dem Pförtner vorbei ins Kloster eilen. Der aber stellte sich ihm in den Weg und sah Maurus mißtrauisch ins Gesicht.

„Jäh ging die Sonne unter, und aus dem Gebüsch kroch die Kälte ..."

Da merkte der junge Mönch, daß der Pförtner ein Fremder war. Beide gingen zusammen zum Abt, denn der, meinte Maurus, werde ihn wohl erkennen. Aber auch der Abt war ein ganz anderer Mensch als zuvor. Maurus blickte sich verzweifelt um. Doch, die Wände mit der Holztäfelung, die waren ihm vertraut. Und dann fiel der flackernde Schein der Kerzen auf die Fensterscheiben, und Maurus sah sein Ebenbild: Einen Greis, gebeugt vom Alter, das Gesicht von Falten durchzogen. Haar und Bart waren weiß geworden. Maurus konnte sich nicht mehr auf den Beinen halten, er taumelte, mußte gestützt und zu einem Stuhl geführt werden. Die anderen Ordensbrüder kamen – und alle, alle waren fremd. Mit zitternder Stimme nannte Maurus seinen Namen. Die Mönche holten das alte Klosterbuch und suchten nach einem Ordensbruder namens Maurus. Seite um Seite blätterten sie um. Aber sie fanden den Namen nicht in drei Jahrhunderten. Der letzte aber, der Maurus geheißen hatte, war als Zweifler bekannt gewesen. Der hatte das Kloster irgendwann heimlich verlassen. Und niemand hörte je, was aus ihm geworden war. Nun verstand Maurus das Bibelwort. Ein Schatten fiel über sein Gesicht, und Maurus starb.

(nach Hans-Jörg Uther:" Sagen aus dem Rheinland", Verlag Diederichs)

Viele Geheimnisse um die Burgruine Heisterbach

Aber das ist nicht das einzige Geheimnis um die Burgruine Heisterbach, die Du erblickst, wenn Du durch das Torhaus des Klosters trittst, dem Weg folgst und nach links gehst. Was siehst Du? Richtig, eine Ruine, die Überreste der Klosterkirche. Eigentlich sollte das ganze Gotteshaus abgebrochen werden. Wie ein Wunder blieb dieser Teil erhalten. Und das kam so.

1803 waren viele Klöster aufgelöst worden. Dies geschah, als das linke Rheinufer des deutschen Reiches französisch geworden war. Die Fürsten, die dadurch dort Gebiete verloren hatten, wurden aus dem Besitz der Bischöfe und Äbte entschädigt. Ein Ausschuß des Reichstages, die „Reichsdeputation", wurde damit beauftragt, die neuen Grenzen festzulegen. Die entscheidende Stimme hatte Frankreich. Alle geistlichen Herrschaftsgebiete gingen in den Besitz weltlicher Fürsten über. Das nenn man "Säkularisierung". In den Wirren dieser Zeit gingen ganze Kirchenschätze für immer verloren.

So wurde auch das Kloster Heisterbach 1803 verkauft und als Steinbruch für einen geplanten Kanalbau ausgeschlachtet. "Wie durch eine göttliche Fügung", kann man in Büchern lesen, sei die Ruine stehengeblieben, weil eine Sprengung nicht funktionierte.

Steinbruch für den Kanalbau

Gehen wir noch weiter zurück in die Geschichte. Das Kloster Heisterbach war, wie gesagt, 1192 gegründet worden. Die Mönche kamen vom Petersberg. Zum Bau der Kirche verwandten sie Steine vom Stenzelberg. Es

Kloster Heisterbach: Die Chorruine aus dem Mittelalter

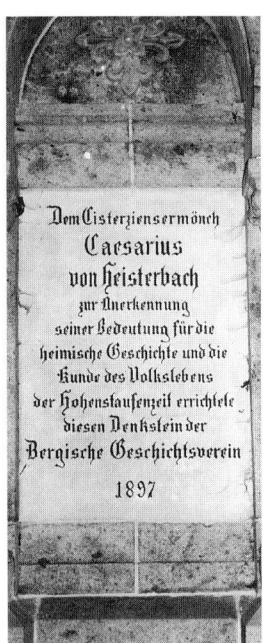

Caesarius zum Dank

**In der Nähe
zu Bach und Wald**

dauerte 30 Jahre, bis die Kirche fertig war. Zur Gründung des Klosters Heisterbach gibt es zwei unterschiedliche Sagen – wenn nicht noch mehr. Die eine geht so:

„Als die Mönche den hohen, unbequemen und rauhen Stromberg (heute Petersberg) verlassen und sich im Tal an günstigerer Stelle einen neuen Wohnsitz gründen wollten, gab Maria, die Muttergottes, dem Abt im Traum ein, das Kloster dort zu erbauen, wo er einen blühenden Rosenstock fände. Trotz der winterlichen Zeit, in welcher das Tal noch voll Schnee lag, suchte der Abt und fand endlich den blühenden Rosenstock am Heisterbach."

Die zweite Sage lautet anders:

„Die Mönche mochten sich auf der rauhen Seite des Stromberges nicht recht heimisch fühlen, und sie beschlossen, einen anderen Wohnort aufzusuchen, wozu ihnen der Erzbischof im Jahre 1191 die Erlaubnis erteilte. Sie kamen, so erzählt die Legende, unter sich überein, einen Esel mit ihren Reliquienschätzen (Reliquien sind Gebeine oder Kleidungsstücke von Heiligen) zu beladen. Sie wollten ihr neues Kloster dort bauen, wo der Esel seine Last abwerfen würde. Die Mönche folgten dem Esel in eine wilde Einöde. An einem Bach, wo eine schöne Heister (Buche) ihr weitlaubiges Dach wölbte, wollte der Esel über das Wasser springen. Aber er stürzte und warf seine Bürde ab. Der Ort der Niederlassung war gefunden und wurde Heister am Bache, später kurzweg Heisterbach genannt."

(Beide Texte nach Hans-Jörg Uhter: „Sagen aus dem Rheinland")

An die Lage des Klosters – nahe Bach und Wald – erinnert auch das Wappen: Es zeigt in der Mitte einen Baum und ein Gewässer.

Die Mönche vom Petersberg gehörten zum Orden der Zisterzienser. Dieser Name hat folgenden Hintergrund: Einst zogen französische Mönche, die ihr Klosterleben so bequem fanden, daß es sie von der Andacht ablenkte, in die Wildnis von Citeaux. Dieser Ortsname heißt auf mittellateinisch Cistertium (daher der Name Zisterzienser). Citeaux war damals das ärmste und einfachste Kloster Frankreichs. Und einem Leben in Einfachheit und Einsamkeit wollten sich auch die Zisterzienser von Heisterbach verpflichten. Dazu gehörte es, daß sie selbst für ihren Lebensunterhalt sorgten. Sie rodeten Wald (Buchen wurden damals „Heister" genannt, daher der Name Heisterbach), legten Fischteiche an, pflanzten Gemüse. Ihre Kleidung fertigten sie aus ungefärbtem Wollstoff.

Jahrhunderte später hatten viele Mönche aber alle guten Vorsätze vergessen: Um 1686 gab es mächtig Ärger mit der Zentrale der Zisterzienser, dem Generalkapitel. Denn die frommen Männer, die eigentlich nur Schwarzbrot und Gemüse statt Fleisch essen sollten, führten mittlerweile ein recht ausgelassenes Leben. Sie veranstalteten in ihren eigenen Wäldern große Jagden. Und zum Abschluß schlugen sie sich bei üppigen Gelagen die Bäuche voll.

Üppige Gelage statt Schwarzbrot und Gemüse

Damals teilten sich die Zisterzienser von Heisterbach in zwei Lager: Die einen wollten sich an strenge Regeln halten, die anderen wollten es sich richtig gut gehen lassen. Darüber brach im Kloster ein Streit aus, der die Brüder entzweite. Schließlich mußte sogar ein Gesandter des Papstes einschreiten, um in Heisterbach für Ruhe zu sorgen. Er befahl, die Mönche hätten sich an die strengere Linie zu halten. Ein Reisebericht aus dem Jahr 1724 deutet darauf hin, daß diese Anweisung befolgt wurde: Die Mahlzeiten, heißt es darin, bestünden nur aus Gemüse. Ob das wohl gestimmt hat?

In mancher Hungersnot haben die Mönche den Menschen in der Gegend übrigens geholfen. Dafür bekamen sie dann ein Stück Land geschenkt oder ein Haus. Das trug dazu bei, daß das Kloster reich wurde.

Sie halfen den Menschen in vielen Nöten

Da wir nur eine Ruine vor uns sehen, müssen wir auch weiter in alten Büchern nachschlagen und unsere Phantasie anstrengen, um uns vorstellen zu können, wie die Mönche hier mal gelebt haben. Im 18. Jahrhundert etwa galt das Kloster als krankmachender Ort, weil es auf einem Sumpfgebiet gebaut worden sei. In einer weiteren Reiseschilderung heißt es zum Beispiel: *„Der*

Garten ist zierlich, und mit einem Springbrunnen verse-
hen; aber die Abtei selbst ist feucht, mithin ungesund.
Man hat mich versichert, kein neuer Ankömmling kom-
me im ersten Jahr ohne das kalte Fieber durch. Hinter
dem Garten in einem Wäldchen ist der Spielplatz, wo
an zwei Tagen in der Woche die Mönche sich mit Ke-
gelschieben belustigen. Sonst sind die Leute sehr ein-
geschränkt. Abends gegen halb sieben Uhr muß schon
ein jeder auf seinem Zimmer sein, und keiner darf den
anderen nach dieser Stunde sehen: Morgens um 3 Uhr
geht es schon zum Gottesdienste. "

(aus: Helmut Herles: „Von Geheimnissen und Wundern des Caesarius
von Heisterbach", Bouvier)

Nach dem ersten Weltkrieg kauften die Cellitinnen,
Ordensfrauen, das Kloster. Sie ließen eine neue Kirche
bauen. Die Cellitinnen pflegen in den Klostermauern
nur alte Menschen.

Einst das bedeutendste Kloster des Siebengebirges

Die Ruine der Abteikirche erinnert daran, daß hier einmal das bedeutendste Kloster des Siebengebirges stand
und die größte romanische Kirche im Rheinland. Auch
die Überreste der früheren Kirche haben die Menschen
immer wieder beeindruckt. So schrieb im ersten Drittel
des vorigen Jahrhunderts der Dichter F. W. Hackländer:

„Ein wunderlicher Bau – es gleiten
Viel Schatten durch den öden Raum,
Und Säulen treten dort hervor,
Ein alt verfallner Kirchenchor,
Es steht ein Weihstein vor dem alten Chor,
Von grauem Steine, halb verwittert,
Und Immergrün, das ihn umgittert,
Und Epheu wächst am morschen Fuß empor:
Auch wilde Rosen sehn ihr lieblich Bild
Im nächtgen Thaue, der das Becken füllt. "

(aus: Heinrich Pleticha, Wolfgang Müller: „Höhlen, Wunder, Heiligtümer", Verlag Herder)

Zum Dichten gebracht hat auch die Legende von dem
armen Mönch Maurus mehrere Künstler, etwa Wolfgang Müller („Sommertage im Siebengebirge", 1867,
gefunden bei Herles):

Der Mönch von Heisterbach

Ein junger Mönch im Kloster Heisterbach
Lustwandelt an des Gartens fernstem Ort;
Der Ewigkeit sinnt still und tief er nach,
Und forscht dabei in Gottes heil'gem Wort.

Er liest, was Petrus der Apostel sprach:
Dem Herrn ist ein Tag wie tausend Jahr,
und tausend Jahre sind ihm wie ein Tag!-
Doch wie er sinnt, es wird ihm nimmer klar.

Und er verliert sich zweifelnd in den Wald;
Was um ihn vorgeht, hört und sieht er nicht.
Erst wie die fromme Vesperglocke schallt,
gemahnt es ihn der ernsten Klosterpflicht.

„Was um ihn vorgeht,
hört und sieht er nicht ..."

Im Laufe erreicht er den Garten schnell,
Ein Unbekannter öffnet ihm das Tor;
Er stutzt, – doch sieh, schon glänzt die Kirche hell,
Und daraus ertönt der Brüder heil'ger Chor.

Nach seinem Stuhle eilend tritt er ein -
Doch wunderbar – ein Anderer sitzet dort!
Er überblickt der Mönche lange Reihn,
Nur Unbekannt findet er am Ort.

Der Staunende wird angestaunt ringsum:
Man fragt nach Namen, fragt nach dem Begehr.
Er sagt's.- Da murmelt man durchs Heiligthum
„Dreihundert Jahre hieß so Niemand mehr!"

„Der Letzte dieses Namens", tönt es dann,
„Er war ein Zweifler und verschwand im Wald;
Man gab den Namen Keinem mehr fortan."–
Er hört das Wort – es überläuft ihn kalt.

Er nennt nur den Abt und nennt nur das Jahr,
Man nimmt das alte Klosterbuch zur Hand;
Da wird ein großes Gotteswunder klar:
Er ist's, der drei Jahrhunderte verschwand!

Ha, welche Lösung! Plötzlich graut sein Haar,
Er sinkt dahin und ist dem Tod geweiht,
und sterbend mahnt er seiner Brüder Schar:
„Gott ist erhaben über Ort und Zeit."

„Und tausend Jahre sind
wie ein Tag ..."

„Was er verhüllt, macht nur das Wunder klar;
Drum grübelt nicht, denkt meinem Schicksal nach!
Ich weiß, ihm ist ein Tag wie tausend Jahr,
und tausend Jahre sind ihm wie ein Tag."

Wenn Du dieses Gedicht mit der Legende am Anfang dieser Geschichte vergleichst, wirst Du einige Unterschiede feststellen. Das liegt daran, daß jeder, der eine solche Sage von Mund zum Mund weitererzählt, etwas weglassen oder auch dazuerfinden kann.

Schön gruselig ist auch ein Gedicht von Wolf Mohr, gefunden bei Herles, der an die Legende vom letzten Heisterbacher Abt erinnert, der in der Nacht als Gespenst umherirrt und rund um die Ruine sein Grab sucht:

Der letzte Abt von Heisterbach,
der trägt am Tode schwer.
Der letzte Abt von Heisterbach,
der geht des Nachts umher.

Der letzte Abt von Heisterbach,
das ist schon lange hin,
dem letzten Abt von Heisterbach,
geht vieles durch den Sinn.

Der letzte Abt von Heisterbach,
geht tiefgebückt am Stab,
der letzte Abt von Heisterbach,
der sucht des Nachts sein Grab.

Der letzte Abt von Heisterbach,
der findet Ruhe nicht,
bis daß das Kloster Heisterbach,
die Welt ihm neu errricht'.

„Der letzte Abt von
Heisterbach, der sucht
des Nachts sein Grab ..."

Der letzte Abt von Heisterbach –
die Ewigkeit drückt schwer.
Sein altes Kloster Heisterbach,
das will die Welt nicht mehr.

Ein Mönch, der wirklich gelebt hat (von Maurus weiß man das nicht), ist Caesarius. Er hat im ersten drittel des 13. Jahrhunderts das Kloster geleitet. Ihm hat man in Königswinter-Oberdollendorf ein Denkmal gesetzt. Er hat im Kloster ein berühmtes Buch verfaßt: „Dialog der

Wunder", eine Art Gespräch zwischen einem erfahrenen, klugen Mönch und einem Novizen (Neuling). Erwachsene finden in dem Buch, das seit einigen Jahren auch in deutscher Übersetzung vorliegt, eine Sammlung von Geschichten, die sich am besten im Park rund um die Ruine lesen lassen. Denn Caesarius beschreibt ganz anschaulich unterschiedliche Menschen: fromme und böse. Und er erzählt viele wundersame Geschichten.

Zum Beispiel diese:

„Wie ein Wolf ein Mädchen in den Wald schleppte"

Bei einem Dorfe, dessen Name mir entfallen ist, fiel ein Wolf ein erwachsenes Mädchen an, deren Arm er mit den Zähnen packte. Er riß sie mit sich, und so oft sie anfing zu schreien, biß er fester zu; wenn sie aber schwieg, tat er ihr nichts. Kurz gesagt: Er brachte sie in den Wald zu einem anderen Wolf, dem ein Knochen in der Kehle saß und der heftige Qual empfand. Der sperrte den Rachen auf, und jener erste Wolf brachte mit dem Maule des Mädchens Hand in die Kehle, so daß sie den Knochen herauszog. Der Geheilte brachte dann mit seinem Genossen das Mädchen in ihr Heimatdorf zurück."

Das Torhaus mit dem Wappen

Als Anmerkung setzt Caesarius hinzu:

„Ich habe einen Jüngling gesehen, der als kleines Kind von Wölfen geraubt und bis zum Jünglingsalter erzogen war, so daß er nach Art der Wölfe auf Händen und Füßen laufen und heulen konnte."

Extras:

Anfahrt:

Bis Königswinter (siehe dort), von da aus eine Stunde Fußweg zum Kloster Heisterbach,

oder mit der Buslinie 520 vor die Klosterpforte.

Übrigens liegt – für Leute, die einen ruhigen Tag einlegen und mal mit dem Auto fahren wollen, ein Parkplatz gleich gegenüber.

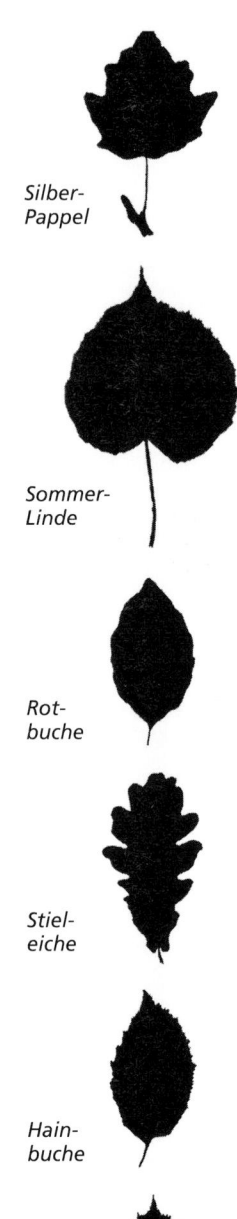

Silber-
Pappel

Sommer-
Linde

Rot-
buche

Stiel-
eiche

Hain-
buche

Weiß-
Birke

Das Klostergelände mit seinen vielen Bäumen eignet sich für ein ruhiges Picknick (auch wenn die Bänke schon bessere Zeiten gesehen haben). Dabei können Kinder dann wieder einmal eine kleine **Rallye** unternehmen (bitte die Fragen für die Kinder abschreiben und die Lösungen weglassen!).

1. Welche Familie wohnt, wenn wir vor dem Torhaus stehen, rechts? (Lösung: Familie Pysk)

2. Wen stellt die linke Figur am Torhaus dar? (Lösung: den heiligen Benedikt. Er trägt ein Buch und einen Kelch mit einer Schlange in den Händen. Das Buch erinnert an Benedikts Klosterregeln, der Kelch erinnert daran, daß Benedikt einmal von einem Mönch, der die Regeln nicht einhalten wollte, vergiftet werden sollte. Benedikts Kernsatz hieß „Ora et labora" – „Bete und arbeite". Der Zisterzienser-Orden wurde von dem Benedictiner Bernhard, Torbogen rechts, gegründet.)

3. Auf der Wiese vor der Chorruine ist ein Fisch aus Stein zu sehen. Um was für einen Fisch handelt es sich? (Lösung: um einen Delphin)

4. Welche Buslinie hält am Kloster? (Lösung: 520)

5. Wann ist das Klosterstübchen geschlossen? (Lösung: montags)

6. Wie alt wurde Charlotte Fecklenburg? 30, 40 oder 50 Jahre? (Lösung: Siehe Grabstein im oberen Bereich des Parkes – nicht einmal 40 Jahre)

7. Erkennst Du „Heister"-Bäume im Park?

Die Riesen auf dem Rhein

Flöße und anderes im Siebengebirgsmuseum

Kennst Du die Sage von der Entstehung des Riesenge-
birges? Sie geht ungefähr so:

*Wo nun die Berge Drachenfels und Rolandseck liegen,
soll das Rheintal einmal abgeschlossen gewesen sein.
Und oberhalb der Stadt Königswinter, die heute als
Ausgangsort für viele Touren und Spaziergänge dient,
erstreckte sich ein gewaltiger See. Da faßten die Leute
in der Eifel und im Westerwald den Plan, diesen See ab-
zuleiten. Dazu mußte jedoch das Gebirge durchstochen
werden. Dieser Arbeit fühlten sich die Menschen aber
nicht gewachsen. Sie baten die Riesen um Hilfe. Denen
versprachen sie einen guten Lohn für die Mühe. Sieben
von den unvorstellbar großen Kerlen waren sofort bereit mitzumachen. Sie schulterten ihre Spaten, stapften
los und fingen an zu graben. In wenigen Tagen hatten
sie es geschafft, eine tiefe Lücke in das Gebirge zu bud-
deln. Das Wasser drang in das Loch ein und vergrößer-
te es schnell. So konnte der Strom abfließen. Die Leute
freuten sich, daß ihnen nun geholfen war und schleppten Geschenke herbei. Womit sie die Riesen belohnten,
verrät die Sage nicht. Aber vielleicht waren es ein paar
Wagenladungen Brot, Kuchen und Bonbons? Diese
Monster müssen ja täglich ganze Berge von Lebensmit-
teln in sich hineingeschaufelt haben. Auf jeden Fall haben sie die Gaben der kleinen Menschen redlich geteilt
und machte sich anschließend auf den Heimweg. Vorher aber klopften sie noch ihre Spaten ab. Und diese für
Riesen winzigen Dreckhäufchen sollen zu den sieben
Bergen geworden sein, die Du heute noch am Rhein
siehst. Genaugenommen sind es mehr als sieben Berge.*

**Sieben Riesen
gruben ein Loch
ins Gebirge.**

(Nach Hans-Jörg Uther, Sagen aus dem Rheinland, Verlag Diederichs)

Wir haben Dir diese Geschichte erzählt, weil Riesen
rund um den Rhein offenbar eine große Rolle gespielt
haben. Es gab sogar welche auf dem Rhein. Das waren
jedoch keine menschenähnlichen Monster, sondern
Flöße. Was ein Floß ist, weißt Du sicherlich: Dabei handelt es sich um Baumstämme, die miteinander zu einer

**Das
Siebengebirgsmuseum**

schwimmenden Plattform verbunden sind. So wurde
einst, von der Mitte des 17. Jahrhunderts bis in unser
Jahrhundert hinein Holz vom Ober- an den Niederrhein
transportiert. Vor allem die Holländer, die wenig Wald
hatten und haben, waren auf Holz, das im Schwarzwald in Mengen vorhanden war, dringend angewie-
sen. Sie brauchtes es vor allem für den Bau vom Schiffen. Die für den Holländer bestimmten großen Flöße
nannte man denn auch Holländerflöße. Eine Ahnung
von den Ausmaßen dieser schwimmenden Riesen be-

kommst Du im Siebengebirgsmuseum in Königswinter, einem kleinen, aber feinen Haus. Dort kannst Du ein Modell sehen und staunen.

⇨ Seite 139

Stell' Dir eine Holzinsel vor, die mehr als 300 Meter lang ist (frag' Deine Eltern mal nach einem Punkt, der von Eurem Haus 300 Meter entfernt ist) und bis zu 60 Meter breit. Mittendrauf waren Hütten gebaut, in denen bis zu 500 Ruderknechte und Arbeiter mehrere Wochen lang wohnten. Was diese hart arbeitenden Männer während einer Tour nach Holland so an Verpflegung brauchten, ist überliefert. Der Kölner Bürgermeister Fuchs, Sohn eines Floßherren, hat es aufgeschrieben:

Eine Holzinsel, mehr als 300 Meter lang ...

„Zeichnete sich ab, daß ein Floß bald in Richtung Niederlande abfahren könnte, wurden die letzten Vorbereitungen getroffen: Der Bäcker zu Linz wurde aufgefordert, für die ganze Reise das Brot in die Magazine (Vorratskammern) des Floßes einzuliefern, dem Bierbrauer in Köln wurde die Zahl der Biertonnen gemeldet, die er voll in Bereitschaft zu halten hatte, um beim Vorbeifahren an hiesiger Stadt den Vorrat aufs Floß zu liefern. Das Schlachtvieh wurde aufgekauft, dürres Gemüse wie Erbsen, Linsen und Bohnen angeschafft." Weiter zählt Fuchs auf, was sonst noch alles an Bord genommen wurde: tausend Kehrbesen, Kaffee, Zucker, Tee, roter, weißer und fremder Wein, Öl, Schinken, Essig und einige Fäßchen holländischer Butter, frisches Gemüse, Zitronen, eingelegte Fische, Rauchfleisch, Gewürze, Schreib- und Bettzeug. Die Mengen Verpflegung für die Besatzung eines Rheinfloßes, das von Andernach nach Dordrecht fuhr, hat ein weiterer Kenner ausgerechnet: 40 000 Pfund Brot, 12 000 bis 20 000 Pfund Fleisch, 800 bis 1000 Pfund gesalzenes Fleisch, 6000 bis 8000 Pfund trockenes Gemüse, 10 000 bis 15 000 Pfund Butter und fast 100 000 Liter Bier.

„Rauchfleisch, Gewürze, Schreib- und Bettzeug ..."

Zwischenfrage: Warum haben die Flößer wohl gesalzenes Fleisch und getrocknetes Gemüse eingelagert?

Ein Herr Bechstedt, der diese großen Flöße selbst gesehen hat, berichtet 1805, die Menschen seien in Scharen zusammengeströmt, wenn eines der Flöße vorbeizog. „Hunderte von Menschen ließen sich verlocken, worunter ich natürlich nicht fehlte." Sie mußten für die Besichtigung zahlen. Und was erblickte der Neugierige, der in seiner Schilderung vor lauter Begeisterung wohl etwas übertreibt? „Einige tausend Bretterhäuser", von denen mehrere als Büros genutzt worden seien. „Durch die Fenster sah man noble Herren und Damen sitzen. Bei anderen verhüllten dichte Vorhänge die Fenster; das waren die Schlafzimmer. Die vielen, sehr niedrigen Kajüten der Ruderer hatten keine Fenster. Eine Herde Ochsen stand in mit Leinen überhängten Baracken." Und weiter: „Es war mir, als sei ich in ein großes Dorf geraten, wo eben Kirmes ist; man konnte an einen Tisch treten und würfeln; man konnte in eine Bude treten und einkaufen; in einer großen Kneipe sah man weit hinten das Feuer auf dem Kochherde brennen."

„Einige tausend Bretterhäuser"

Auch wenn dieser Besucher den Betrieb auf dem Floß an diesem Tag als eine Kirmes empfindet: Das Leben der Flößer war schwer und auch gefährlich. Die schwimmenden Riesen waren schwer zu lenken, außerdem hat der Rhein an manchen Stellen reißende Strömungen, enge Biegungen, scharfe Riffe und Felsen. Und wenn es dann auch noch stürmte! So kam es in der Geschichte der Flößerei immer wieder einmal zu schweren Unfällen. Dabei gingen andere Schiffe zu Bruch, Brücken und Mühlen wurden gerammt, das Ufer wurde beschädigt.

Das Leben der Flößer war gefährlich

In der zweiten Hälfte des 19. Jahrhunderts wurde die Flößerei immer weniger wichtig. Denn die Holzhändler ließen ihre Waren zunehmend mit Schiffen und der Eisenbahn transportieren. Das war billiger als die Flößerei. Bald wurden auch Vorschriften erlassen, die festlegten, wie groß die Flöße sein durften (höchstens 70 Meter lang). Trotz dieser Beschränkungen wurde in der zweiten Hälfte des 19. Jahrhunderts eine Neuerung eingeführt: Eiserne Dampfschlepper zogen die Flöße, die auf diese Weise schneller und sicherer ans Ziel kamen. Schon in den 50er Jahren dieses Jahrhunderts war der Anblick eines Floßes auf dem Rhein selten geworden.

(Die Angaben zur Flößerei haben wir einem sehr kenntnisreichen Heft entnommen, das leider vergriffen ist: „Flößerei auf dem Rhein", herausgegeben vom Siebengebirgsmuseum Königswinter.)

Das Siebengebirgsmuseum

Das Siebengebirgsmuseum ist eines der schönsten Barockhäuser in Königswinter (Barock ist jene Zeit zwischen 1600 und 1730, in der Gebäude reich verziert wurden). Das Haus ist 1732 von dem Steinmetzmeister J.P. Meurer erbaut worden. Das war ein wohlhabender Mann, der sich so ein schönes Wohnhaus leisten konnte. Zeitweise wurde das Gebäude auch als Gasthof benutzt. 1934 erwarb es die „Arbeitsgemeinschaft zur Pflege der Heimat", zwei Jahre übernahm die Stadt Königswinter das Gebäude und die Sammlung des Heimatvereins. 1939 wurde das Heimatmuseum wiedereröffnet und schon 1944 geschlossen, weil Menschen eine Wohnung brauchten, deren Häuser von den Bomben des Krieges zerstört worden waren. 1956 wurde das Museum zum zweiten Mal wiedereröffnet, dann wieder einmal umgebaut, um ein zweites Haus erweitert und 1984 noch einmal neu eröffnet. Jetzt wird es erneut erweitert.

Die Fassade des Museumsgebäudes ist aus **Latit**-Stein von der **Wolkenburg**, dem Berg hinter dem Drachenfels. Latit ist ein etwas körnig wirkender Vulkanstein, der bei Steinmetzen beliebt war für feinere Arbeiten. Neben den Stufen zum Garten siehst Du zwei Löwen-Standbilder, die aus dem Park der Zisterzienser-Abtei in Heisterbach stammen.

Der „Museums-Weinberg"

Zum Inneren:

Die wesentlichen Exponate werden im Begleitbuch zur Diaserie beschrieben (siehe **Extras/Medien**). Es ist sehr hilfreich als **Einführung für Erwachsene,** die Kindern beim Rundgang ohne Führer etwas erzählen wollen!

Der Bestand des Siebengebirgsmuseums, dessen Besuch jeden Ausflug im Siebengebirge bereichert, ist in vier Abteilungen gegliedert: „Geologie und naturkundliche Besonderheiten", „Regionalgeschichte", „Wirtschaftsgeschichte" und „Rheinromantik und Tourismus".

Die erste Abteilung **„Geologie und naturkundliche Besonderheiten"** informiert vor allem über den Vulkanismus und die Folgen für die Landschaftsbildung. Zu sehen sind etwa ein topografisches Relief des Siebengebirges, eine geologische Zeittafel, ein geologisches Schnittbild mit Gesteinsproben und ein Kupferstich des Drachenfels im 17. Jahrhundert. In der Abteilung **„Regionalgeschichte"** (1. Obergeschoß) entdeckt der Besucher archäologische Funde, Gegenstände und Dokumente aus der Zeit der Burgen und Klöster. Dort macht zum Beispiel ein fränkischer Grabstein vom Ende des 7. Jahrhunderts, eines der frühesten Zeichen des Christentums in der Region, deutlich, woran man einen Adeligen erkannte: am Schwert und am Kamm. Der Kamm bedeutet, daß der Mann zu denen gehörte, die langes Haar tragen durften. Kinder werden sich vor allem für das Modell der Löwenburg interessieren – und für das Richtschwert der Herrschaft Löwenburg. Besonders interessant (etwa im Zusammenhang mit entsprechenden Exkursionen) ist ein Blick in die Abteilung **„Wirtschaftsgeschichte".** Sie zeigt, welche ganz besonderen Berufe es in dieser Gegend einmal gab.

Aus der Zeit der Burgen und Klöster

Und die standen in engstem Zusammenhang mit der Bodenbeschaffenheit, den Rohstoffen und der Nähe zum Rhein. Man bekommt einen Eindruck von der Arbeit der Steinmetze, der Backofenbauer, der Weinbauern und Flößer.

Werkzeuge von Backofenbauern und Steinmetzen

Der „Museumsweinberg" erinnert daran, daß sehr viele Menschen hier seit der Römerzeit vom Weinbau lebten. Bis ins 19. Jahrhundert erstreckten sich die Reben über fast alle Hänge des Siebengebirges. Heute werden nur noch kleine Flächen zum Weinbau genutzt. Diese bilden das nördlichste anerkannte Weinbaugebiet Europas. Der „Weinberg" im Museum macht auch anschaulich, wie schwierig es war, Reben an steilen Hängen zu bearbeiten.

Zu sehen sind auch die Werkzeuge der Backofenbauer und Steinmetze, das Modell eines Holländerfloßes und verschiedene Schiffsmodelle. Die Abteilung **„Rheinromantik und Fremdenverkehr"** gibt einen Eindruck davon, warum das Siebengebirge zu einer Hochburg des rheinischen Fremdenverkehrs wurde. Eher komisch

sind die ausgestellten Souvenirs – von der Schneekugel
bis zum Drachenfels-Esel in vielfachen Ausführungen.

Extras:

Wer, etwa zum Kindergeburtstag, die Führung mit
einer **Rallye** verbinden will, könnte zum Beispiel folgende Aufgaben stellen (Bitte die Fragen abschreiben
und die Hinweise und Lösungen weglassen!):

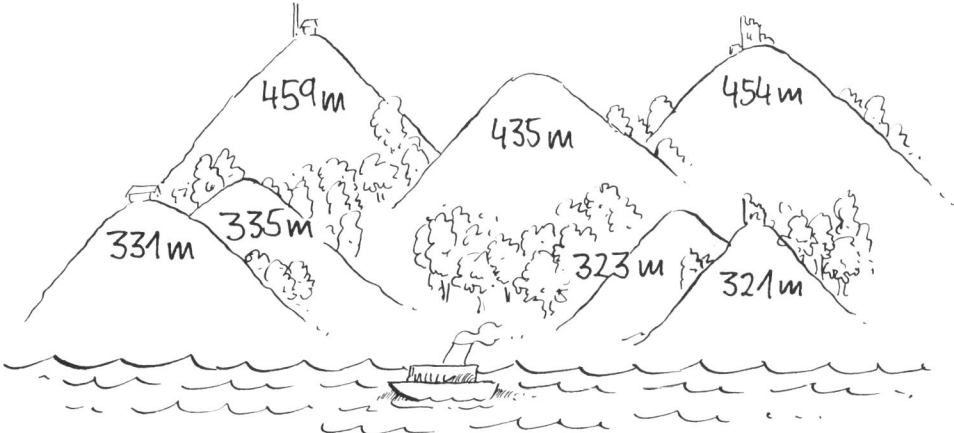

1. Wie viele Leute arbeiteten auf einem Holländerfloß?
   (siehe Modell, Lösung: etwa 500)
2. Welches Tier schleppte erst Steine aus den Steinbrüchen heraus und dann Menschen den Drachenfels hinauf? (Siehe Andenken, Lösung: Esel).
3. Was ist Tuff, und wofür hat man ihn verwandt?
   (Siehe „Geologie und „Abteilung Wirtschaftsgeschichte" – Lösung : Gestein aus vulkanischer Asche,
   gebraucht für Backofenbau).
4. Was macht ein Küfer? (siehe Abteilung „Wirtschaftsgeschichte" – Lösung: Weinfässer).
5. Nenne zwei Werkzeuge, die ein Steinmetz braucht!
   (Siehe Abteilung „Wirtschaftsgeschichte" – Beispiele: Bossierhammer, Zweispitz, Knüppel, Meißel,
   Stockhammer).
6. Es gibt ein Gemälde von Oswald Achenbach, das die
   geheimnisumwitterte „Ruine Heisterbach" zeigt.
   Wann sieht sie wohl rätselhafter aus – bei Sonnen-
   schein oder (wie auf dem Bild) bei …? (Siehe Ab-

teilung „Regionalgeschichte" – Lösung „Mond-
schein".)

7. Wann gingen die Bürger von Königswinter mit
200-Millionen-Markscheinen einkaufen? (Siehe „Regionalgeschichte" – Lösung: Im Jahr 1923).

8. Wann wurde das Museumsgebäude gebaut?
(An der Kasse fragen oder im Prospekt nachgucken
– Lösung: 1732).

9. Welches sind die höchsten Berge im Siebengebirge?
(Siehe Modell im Museum oder Wanderkarte) –
Lösung: Ölberg (459 m), Löwenburg (454 m), Lohr-
berg (435 m), Nonnenstromberg (335 m), Kleiner
Ölberg (331 m), Petersberg (331 m), Wolkenburg
(323 m), Drachenfels (321 m).

Das Siebengebirgsmuseum unter Leitung von Elmar
Scheuren hat ein umfassendes museumspädagogisches
Angebot. Dazu gehören:

Führungen zu folgenden Themenbereichen:

**Führungen
für verschiedene
Altersgruppen**

für Grundschulen (3. und 4. Klasse): „Siebengebirge",
„Vulkane", „Burgen und Ritter", „Steine" (vulkanische
Entstehung, Bearbeitung und Verwendung). Themen
der Wirtschaftsgeschichte sind grundsätzlich gut geeig-
net wegen ihrer Anschaulichkeit, so zum Beispiel:
„Schiffe, Flöße und Fähren auf dem Rhein", „Arbeit im
Weinberg und Weinherstellung", „Berufe" (Steinmetz,
Backofenbauer, Winzer, Küfer, Schiffer).

Für weiterführende Schulen: Historische und kultur-
geschichtliche Themen – bezogen auf die Orts- und
Regionalgeschichte – können nach Absprache näher
bestimmt und eingeengt werden. Themenbeispiele:
„Burgen und Klöster", „Juden", „Demokratische Tradi-
tionen" (Französische Revolution, 1948...), „Rheinromantik".

Ein einfaches Suchspiel zum Kennenlernen, das mit
den Grundlagen des Museums und seinem Aufbau vertraut macht, ist ständig verfügbar. Gut geeignet ist es
für 10- bis 14jährige. Bei Schulklassen ist die Einteilung
in Kleingruppen erforderlich, die dann in kürzeren
Zeitabschnitten starten. Bei einer anschließenden

Nachbesprechung können einzelne inhaltliche Aspekte vertieft werden. Zeitaufwand pro Klasse etwa eine bis eineinhalb Stunden.

Weitere Angebote, die sich vor allem für Kinder weiterführender Schulen eignen, in Einzelfällen aber auch, in abgeänderter Form, für Jüngere in Betracht kommen:

Naturkunde: Das Museum leiht für einen begrenzten Zeitraum „Museumsrucksäcke" aus. Sie enthalten Materialien für naturkundliche Exkursionen zu den Themen „Vulkanismus" und „Fließgewässer". Die Exkursionen werden mit einem Museumsbesuch verbunden. Kinder finden in den Rucksäcken Schaubilder, Kopiervorlagen für Arbeitsblätter, Hilfsmittel wie Schreibunterlagen, Kartenmaterial, ausgewählte Anschauungsobjekte und eine detaillierte Verlaufsbeschreibung.

Exkursionen: Das Museum vermittelt fachkundige Exkursionsleiter zu verschiedenen Themen beziehungsweise historischen Orten. Die Führung erfolgt in diesem Fall auf Honorarbasis. Die einzelnen Themen werden jeweils in einer Führung vor Ort erschlossen, gegebenenfalls werden bestimmte Ausstellungseinheiten des Museums mit einbezogen. In der Regel wird für diese Veranstaltungen ein halber Tag vorgesehen. Infrage kommen Themen aus dem Bereich der Naturkunde/Geologie, zum Beispiel „Vulkanischer Weilberg", „Wald", „Klima, Böden Pflanzen"; auch „Museumsrucksack" (siehe oben) oder historische Orte wie Petersberg, Löwenburg, Drachenfels, Heisterbach.

Mehrtägige Projekte: Sie können in Zusammenarbeit mit dem Siebengebirgsmuseum vorbereitet und durchgeführt werden. Eine vorliegende Projektausarbeitung befaßt sich mit der ehemaligen Zisterzienserabtei Heisterbach. Das Projekt findet etwa zu gleichen Teilen auf dem Gelände der Abtei und im Museum statt. Dabei geht es darum, Geschichte erlebbar zu machen. Behandelt werden können zum Beispiel Schriftkultur, Bauwesen und – formen, Zeitmessung und Technik. Die Mu-

Museumsrucksäcke zum Ausleihen

Projekt in Abtei und Museum

seumsmitarbeiter brauchen die Unterstützung von drei bis vier Betreuern.

Schatzsuche: Einzelne Elemente dieses Projektes können auch im Rahmen kürzerer Aktionen, etwa in Form einer Schatzsuche, behandelt werden, die einen halben Tag dauert. Möglicher Verlauf: Einführung im Museum, ca. einstündige Wanderung nach Heisterbach, Entdecker-Quiz mit Schatzsuche auf dem Klostergelände.

Sonderausstellungen: Es werden regelmäßige Sonderausstellungen (durchschnittlich 5-6 pro Jahr) durchgeführt, mit künstlerischen Arbeiten, aber auch zu kultur- und regionalgeschichtlichen Themen. Dazu speziell für Kinder und Jugendliche angebotene Programme – in der Regel nachmittags – können evtl. auch auf Schulklassen erweitert werden.

Medien:

Eine **Diareihe** (24 Dias mit Begleitheft) gibt einen Überblick über die Themenbereiche des Siebengebirgsmuseums. Das Begleitheft ist für Erwachsene geschrieben und eignet sich zur Vor- beziehungsweise Nachbereitung eines Museumsbesuches oder auch zum Vertiefen einzelner Aspekte). Es enthält didaktische Hinweise und Kopiervorlagen.

Außerdem können folgende **Videofilme** im Museum angesehen (nicht ausgeliehen!) werden (zum Beispiel im Zusammenhang mit einer thematischen Führung):

Videofilme ergänzen Führung im Museum

Zur Ortsgeschichte:

„Jahrtausendfeier in Königswinter im Jahr 1925"
(Zeitgenössischer Stummfilm, ca. 20 Minuten)
Die Jahrtausendfeier wurde – als Demonstration der Zugehörigkeit des Rheinlandes zum Deutschen Reich – in zahlreichen Städten des Rheinlands aufwendig begangen, so auch in Königswinter.

„Die Juden von Königswinter"
(Fernsehfilm, WDR 1987, 45 Minuten)
Eine Dokumentation des Schriftstellers Ralph Giordano auf der Grundlage des Buches von Manfred van Rey. Im

Holzfloß
bei Bonn
(Siebengebirgs-
museum)

Floß
vor dem
Siebengebirge,
von Süden
gesehen
(Siebengebirgs-
museum)

Zentrum steht die Befragung von drei überlebenden Zeitzeugen.

„Die Ofenkaulen im Siebengebirge"
(Amateurfilm 1987, ca. 55 Minuten)
Der Film gibt einen Einblick, wie einst der Stein für den Backofenbau (Tuff) im „Ofenkaulenberg" unter Tage gefördert wurde. Die Stollensysteme sind heute geschlossen.

Zur Flößerei:

„Das Floß"
(Dokumentarfilm, 1988, ca. 24 Minuten)

Im Jahr 1988 ließ die Stadt Düsseldorf aus Anlaß ihres 700jährigen Stadtjubiläums ein historisches Rheinfloß in Mainz bauen und den Rhein hinab fahren.

„Alte Waldberufe aus dem Schwarzwald"
a) „Holzriesen", ca. 16 Minuten, zeigt den Holztransport von Berg zu Tal, über eigens gebaute „Rutschen".
b) „Die Flößerei", ca. 18 Minuten: Floßbau und Floßfahrt werden nachgestellt.
c) „Verschwundene Waldberufe", ca. 20 Minuten: Alte, längst vergessene Berufe wie Kienrußbrenner, Pottaschesieder, Harzer, Köhler, Wagner, Schindelmacher usw. werden vorgestellt.

„Frankenwaldflößer"
(Stummfilm, 30er Jahre, ca. 35 Minuten)
Gibt in nachgestellten Szenen einen romantisierten Einblick von der Stammbereitung bis zu Floßbau und Floßfahrt.

Zum Naturschutz:

„Naturpark Siebengebirge"
(Landesbildstelle Rheinland, 1990, 21 Minuten)
Überblick über Entstehungsgeschichte und landschaftliche Besonderheiten eines der ältesten Naturschutzgebiete Deutschlands. Es werden Nutzungskonflikte beschrieben, die sich aus der Notwendigkeit des Naturschutzes auf der einen und aus dem Erholungsbedürfnis der Menschen auf der anderen Seite ergeben.

Wie das Siebengebirge entstand

Zur Volkskunde:
(Kopien von Filmdokumentationen des Amtes für Rheinische Landeskunde in Bonn)

„Das Handwerk der Beller Backofenbauer"
a) „Gewinnung des Tuffsteins", Bell/Mendig 1976, 30 Minuten.
b) „Errichtung eines Gemeinschaftsbackofens", Dattenberg/Linz 1976, 31 Minuten.

Neben Königswinter war Bell (Eifel) ein zweites wichtiges Zentrum des rheinischen Backofenbaus. Beiden

Orten gemeinsam war die Verwendung eines geeigneten Natursteins (Tuff). Der Film zeigt einen der letzten erfahrenen Backofenbauer bei der Arbeit.

„Brotbacken im Hausbackofen"
(Hillensberg 1970, 28 Minuten)
Im Backhäuschen des Baumgartens beginnen am Abend die Backvorbereitungen mit dem Ansetzen des Vorteigs. Am nächsten Morgen wird der backfertige Teig hergestellt, der mit den Füßen durchgeknetet und dann zu Brotlaiben ausgeformt wird. Neben dem Brot backt man Sonntagskuchen und dörrt Birnen.

Ein Backofen für viele Familien

„Brotbacken im Gemeindebackhaus"
(Löhndorf 1970, 42 Minuten)
Mehrere Familien nutzen gleichzeitig das Gemeindebackhaus zum Brotbacken. Die Reihenfolge der Familien wird ausgelost. Die erste Backgemeinschaft heizt den Ofen ein und bereitet den Teig zu. Während die Brotlaibe im Ofen sind, bearbeitet die nächste den Teig.

„Glockenbeiern zur Kirmes"
(Niederdollendorf/Königswinter 1982, 13 Minuten)
Bei der Kirmes „beiern" die Niederdollendorfer Junggesellen: Sie schlagen die Klöppel mit der Hand der bewegungslos hängenden Glocken, wobei sie sich an überlieferte Rhythmen halten.

„Das Handwerk der Oberbergischen Pflastersteinhauer"
(Erlenhagen/Gummersbach 1977, 55 Minuten)
In einem oberbergischen Steinbruch brechen die Pflastersteinhauer die Blöcke aus dem Fels und schlagen sie zu.

„Das Mühlsteinhauergewerbe"
(Niedermendig 1966)
a) „Steinhauen und Behauen im Basaltbruch (35 Minuten).
b) Die Steinhauer keilen in der Wand einen mächtigen Block ab und werfen ihn mit Brechstange und Winde los.
c) „Herstellen eines Basaltmühlsteins" (29 Minuten). Aus dem rohen Basaltblock fertigen die Steinhauer

Was man aus Steinen machen kann

mit verschiedenartigen Steinhämmer einen kreisrunden, ebenmäßigen Mühlstein.

„Faßbinden in einer Küferwerkstatt"
(Ellem 1962, 29 Minuten)
Aus rohen Eichenklaftern werden mit dem Beil die Dauben gehauen, die der Küfer dann auf dem Fügeblock zurichtet, beim Feuern zusammenbiegt und zum fertigen Faß bindet.

Fischfang auf der Mosel

„Küfern einer Weinstitze"
(Zeltingen/Mosel 1982, 22 Minuten)
Um eine Weinkanne herzustellen, muß der Küfer zunächst die Eichenhölzer spalten und die Rohdauben auf Schneidbank und Fügebock glätten. Mit Hilfe des Setzreifens werden die Dauben zur Kannenzange aufgesetzt, die nach dem Kochen mit dem Bindereifen gebunden werden kann. Anschließend wird das fertige Gebinde geputzt.

„Fischfang auf der Mosel"
a) „Stellnetz, Wurfgeil, Koppelnetz"
   (Kröv 1982, 28 Minuten)
b) „Giewenschleife, Schleppnetz, Aalschnur, Aalreuse"
   (Kröv 1983, 29 Minuten)
Information über Fanggeräte der Moselschiffer.

„Gießen einer eisernen Ofenplatte"
(Eschweiler 1982, 16 Minuten)
Ofenplatten schützten die Kaminrückwand, verzierten den Herd oder saßen vor Mauerdurchbrüchen. Gußeiserne Ofenplatten waren im Rheinland vom späten Mittelalter bis zum 19. Jahrhundert in Gebrauch. Die Ofenplatte wurde im sogenannten Herdgußverfahren gegossen. Eine reliefartige hölzerne Bildform wurde in das Sandbett („Herd") gelegt. In den Negativabdruck lief das geschmolzene Eisen ein. War das Eisen abgekühlt, lag die Ofenplatte fertig da.

„Aufsetzen des Kirchturmhahns"
(Hackenbruch/Dormagen 1984, 22 Minuten)
Der Film zeigt, wie Dachdecker nach der Kirchenreno-
vierung den neuen, vom Pfarrer gesegneten Wetter-
hahn auf die Spitze des Kirchturms setzen. Nach alter
Handwerkersitte ziehen sie zuvor mit dem geschmück-
ten Kirchenhahn von Tür zu Tür und sammeln Geld-
spenden für einen Umtrunk.

„Vogelschießen bei der St. Sebastians-Armbrust-Schüt-
zengesellschaft Anno 1250"
(Herzogenrath 1980, 30 Minuten)
Mit der Armbrust und 18 Pfeilen feuern die Schützen
aus freier Hand ihre Schüsse auf den 42 Meter hoch
aufgesteckten „Vogel" ab, wenn die Mitglieder der
Herzogenrather Armbrustschützen beim jährlichen
Schützenfest ihren König ermitteln.

Eine Wanderung

Von Königswinter aus kannst Du zu Fuß, dem Wanderweg 8 folgend, unter anderem auf den Petersberg laufen (Start durch den Tunnel am Bahnhof) oder, von der
Talstation der Zahnradbahn aus, den Drachenfels er-
klimmen (Wanderweg 4 und 8). Vielleicht magst Du
aber nun, da Du so viel von Schiffen gehört hast, lieber
ein Stück mit einem Schiff fahren? Es empfiehlt sich
natürlich, rechtzeitig den Fahrplan anzuschauen.

⇨ Seite 139

Wie wäre es
mit einer
Schiffstour?

Was es sonst noch gibt in Königswinter

Brückenhof

Der Brückenhof, ein Fachwerkhaus in rheinisch-frän-
kischer Bauweise, ehemals ein Weingut, beherbergt
heute das kleine Heimatmuseum im Stadtteil Oberdollendorf. Zu sehen sind eine alte Küche, eine Schuster-
werkstatt, Gebrauchsgegenstände und mehr als 100
Gruppenfotos, auf denen man einen Eindruck davon
bekommt, wie sich Menschen früher kleideten und dar-
stellten (53639 Königswinter-Oberdollendorf, Bach-
straße 93, Tel. 0 22 23-2 29 94, Fax 0 22 23-90 82 98) Öff-

nungszeiten in der Regel an jedem ersten Sonntag im
Monat, 14.30 bis 17 Uhr. Gruppenführungen auch
außerhalb der Öffnungszeiten.

Campingplatz

„Am Schwimmbad", Inhaber Ernst Hoppe, 53639 Kö-
nigswinter-Oberpleis, Theodor-Storm-Straße 37, Tel.
02244-6418.

Führungen

durch das Siebengebirge vermittelt die

Touristik Siebengebirge GmbH

Bad Honnef-Königswinter
53639 Königswinter
Drachenfelsstraße 11
Tel. 0 22 23-91 77-11
Fax 0 22 23-91 77 20

Öffnungszeiten:

Montags bis freitags 9.00 bis 17.00 Uhr, samstags 10.00
bis 14.00 Uhr (von Ostern bis Silvester)

Preise:

Einzel- und Gruppenführungen: Standardführung
1 Stunde 70 Mark, 2 Stunden 120 Mark.

**Ein Paß für
Königswinter**

Im Verkehrsamt gibt es auch den **Königswinter-Alt-
stadt-Paß**. In ihm enthalten sind eine Fahrt mit der Drachenfelsbahn hin und zurück, die Besichtigung der Nibelungenhalle, der Drachenhöhle und der Krokodil-
farm, eine Schiffahrt auf dem Rhein und eine
Besichtigung des Siebengebirgsmuseums. Preis: 25
Mark für Erwachsene, 15,60 Mark für Kinder von 4 bis
13 Jahren.

Freizeitzentrum

(Oberdollendorfer Straße 106–110, Tel. 0 22 44-9 21 70). Dort gibt es unter anderem: 5000 Quadratmeter Sauna-anlage mit drei finnischen Saunen, ein irisch-römisches Dampfbad, ein Hallenbad mit Jet-Stream-Anlage, ver-schiedene Tauchbecken, natürlich fließende Gewässer für Kneipp-Anwendungen, Ruhe- und Schlafräume, große Terrasse mit Restaurantbetrieb im Sommer, Saunarestaurant. Außerdem: 23000 Quadratmeter Frei-gelände, 50-Meter-Schwimmbecken, Sprungbecken, Kinderbecken, Gartenrestaurant, Kleinspielfelder und Laufbahnen und eine Tennishalle mit gelenkschonen-dem Bodenbelag.

Schwimmbäder

Das Lemmerz-Freibad Königswinter, „Auf dem Sauren Berg", lädt von Mai bis August ein (Oberweingarten-weg, Tel. 02223-21296). Es bietet eine 60 Meter lange Rutsche, ein 50 mal 20 Meter langes Becken mit inte-grierter Sprunggrube (beheizt), ein ebenfalls beheiztes Mehrzweckbecken mit Wasserpilz, Wasserkanonen und Massagedüsen, einen großzügigen Kinderspiel- und Matschbereich, einen Wickelplatz für Babys und eine Cafeteria. Öffnungszeiten: In der Regel montags bis sonntags, 11 bis 19 Uhr, Verlängerung bei gutem Wetter.

Unabhängig vom Wetter sind das Hallenbad „Schwimmtreff", Cleethorpeser Platz 10 (Altstadt), Tel. 02223-91630 und das Hallenbad im Schulzentrum Kö-nigswinter-Oberpleis (Im Wiesengrund, Tel. 02244-6855). Der „Schwimmtreff" ist ganzjährig geöffnet und bietet neben einem Bistro verschiedene Kurse und Er-lebnisprogramme.

Schwimmen bei jedem Wetter

Kinderhotel

Deutschlands erstes Hotel nur für Kinder hat den schö-nen Namen „Kinderkiste". Es hat Platz für zehn Kinder, für ganz kleine und größere. Denen wird viel Spaß ver-sprochen. Kosten: 150 Mark am Tag, alles inklusive.

Adresse: Kinderhotel Kinderkiste, Pfarrer-Wichert-Straße 60, 53639 Königswinter-Uthweiler, Tel. 02244-6851.

Waldlehrpfad

Ein 3,5 Kilometer langer Waldlehrpfad mit Schrifttafeln, die den Baumbestand des Siebengebirges erläutern, beginnt an der Straße „Zum Stöckerhof" (Parkplatz linke Seite, Forsthaus Stöckerhof). Sie liegt an der Straße, die von Ittenbach nach Thomasberg führt. Informationen unter Tel. 02244-3300 (Forsthaus).

Das Wohnhaus von Konrad Adenauer in Rhöndorf ist vom Drachenfels aus über einen gut ausgeschilderten Fußweg zu erreichen (etwa eine Stunde). Es ist dienstags bis sonntags von 10 bis 16 Uhr geöffnet.

Inline-Skating
auf Wegen

2. Erlebnis Bonn

Flitzen und trödeln

Die Rheinaue

Bestimmt hast Du in Deinen Schränken und Regalen noch Spielzeug, das wie neu ist, Dich aber schon lange nicht mehr interessiert. Willst Du es nicht auf einem Flohmarkt verkaufen? In Bonn gibt es von April bis Oktober an jedem dritten Samstag im Monat einen Trödelmarkt in der Rheinaue (Bad Godesberg). Und der schlägt alle Rekorde. So weit das Auge reicht, siehst Du einen Stand nach dem anderen. Manchmal sind es insgesamt sogar 1600 Verkaufstische. Und Du glaubst nicht, was da alles angeboten wird! Das mußt Du Dir einfach mal selbst angucken: spannende Spiele und hübsche Kleider, verrückte Hüte und bunte Hemden, alte Nähmaschinen und neue Nachttischschränkchen, billige Hörkassetten (2,50 Mark), Bücher und Comics für 50 Pfennige das Stück. Spezialisten können natürlich auch teure Sammlerstücke erwerben. Eigentlich sollen hier nur Privatleute ihren Trödel anbieten und keine Geschäftsleute, aber das läßt sich schwer überwachen. Schließlich kommen Trödler aus ganz Deutschland in die Rheinaue.

⇨ Seite 140

Comics für eine halbe Mark

Ehrlich gesagt, wir gehen nur wegen der Bücher und Micky-Maus-Hefte auf diesen Supertrödel. Und wir haben uns auch schon vorgenommen, die Comics richtig zu sammeln wie Briefmarken, weil auch sie mit den Jahren an Wert steigen. Wenn man sie immer gut behandelt hat.

Ein Trödelmarkttag in der Rheinaue ist auch deshalb toll, weil dieser Freizeitpark im Herzen von Bonn, nahe dem Regierungsviertel, noch viel, viel mehr zu bieten hat. Das Gelände, hergerichtet zur Bundesgartenschau des Jahres 1979, lädt zum Ausruhen ebenso ein wie zum Toben. Das Wegenetz, auf dem kleinere Kinder

Hübsches Spielzeug gibt's auf dem Trödelmarkt

sehr gut Radfahren lernen und größere hervorragend mit Inline-Skatern herumflitzen können, ist mehr als 40 Kilometer lang!

Überhaupt ist die Rheinaue eine gute Adresse für Skater. Denn dort lockt die angeblich größte Halfpipe Deutschlands. Diese Rampe in Form einer halboffenen Röhre ist 16 Meter breit – und sie bietet Könnern Platz genug, um auch schwierige Tricks auszuprobieren. Die „flat", die flache Stelle der Rampe, hat genug Platz, um neue Sprünge vorzubereiten.

Inline-Skating auf einer Rampe

Anfänger beginnen auf der acht Meter breiten Mini-Rampe, die in die Halfpipe übergeht.

Zu verdanken ist dieses Projekt dem Verein „SubCulture Skate and Bike Bonn e.V.", dessen Mitglieder diese weit über Bonn hinaus bekannte Rampe möglich gemacht haben. Sie ist übrigens erst im Sommer 1996 frisch renoviert worden. Manchmal finden im Sommer auch Konzerte auf dem Gelände statt, um Geld zur Finanzierung des teuren Projektes zusammenzubekommen. Die Halfpipe in der Rheinaue ist in der Woche öffentlich zugänglich, an den Samstagen und Sonntagen aber für Vereinsmitglieder reserviert. Wer dann aber trotzdem fahren möchte, muß 5 Mark am Tag zahlen.

Für alle, die noch keine eigenen Inline-Skates haben und sich welche kaufen wollen, hier die wichtigsten Hinweise:

1. Beim Kaufen viel Zeit nehmen, nicht hetzen, die Schuhe müssen passen. Inlines für Kinder nicht zu groß kaufen, maximal 2 Nummern größer, dann aber unbedingt mit Einlegesohlen ausgleichen!

2. Fachleute raten, die Inliner im Stehen anzuprobieren und sie eine halbe Stunde anzulassen. Im Geschäft probefahren. Dabei überlegen; Paßt der Schuh richtig? Die Zehen sollen den Innenschuh gerade berühren, die Ferse darf nicht rutschen. Gibt der Schuh genug Halt? Spüre ich Druckstellen?
3. Schutzbekleidung kaufen: auf jeden Fall Handgelenk, Knie und Ellbogen schützen, Helm ist unbedingt anzuraten.
4. Nachfragen: Sind die Bremsklötze groß genug (mindestens 4-6,4 Zentimeter)? Die Rollen sollten bei Anfängern etwa 70 Millimeter groß sein, weiche Polyurethanräder mit hoher Reibung sind für Anfänger gut geeignet.
5. Vorsicht vor Billig-Angeboten. Es sind Kopien von Markenherstellern auf dem Markt, die aus schlechtem Material hergestellt sind, dünne Innenschuhe haben und zu weiche Schäfte (Verletzungsgefahr). Schnallen aus sprödem Plastik können brechen, Ersatzteile sind oft nicht vorhanden. Gerade für Einsteiger sind diese Schuhe ausgesprochen gefährlich!

Und hier die wichtigsten Tips für Anfänger-Skater:

Tips für Anfänger

1. Wer noch nie auf Rollen gestanden hat, weder Schlittschuh- noch Rollschuhlaufen oder Skateboard fahren kann, sollte erst mal nur einen Schuh anziehen, um ein Gefühl für die Inliner zu bekommen.
2. Auf geeigneten verkehrsfreien Plätzen üben (Schulhof am Nachmittag). Der Untergrund sollte glatt und trocken sein.
3. Langsam anfangen, das Geradeausfahren üben.
4. Immer mit leicht gebeugten Knien fahren. Schwerpunktverlagerung nach vorne verhindert Fallen auf den Rücken.
5. Bremsen üben. Besonders einfach: T-Stop. Dabei wird der hintere „Rollschuh" (Verzeihung!) quer zur Fahrtrichtung gestellt. Durch die Reibung wird die Geschwindigkeit reduziert. Eine andere Möglichkeit besteht darin, den Stopper zu benutzen. Dabei mußt Du leicht in die Knie gehen.
6. Kurven fahren: Bei einer Kurve wird der äußere Fuß belastet und leicht nach außen weggedrückt. Der in-

nere Fuß wird nach vorn gezogen und gleichzeitig entlastet. Dreh' die Schulter in Kurvenrichtung. Je schneller Du in die Kurve fährst, desto stärker mußt Du Dich in die Kurve legen.

Quizfrage

Quizfrage: Für welche Sportart sind die neuzeitlichen Inline-Skates entwickelt worden? (Für das Sommertraining der Eisschnelläufer.)

Sehen wir uns weiter in dem Rheinauenpark um, der mit 125 Hektar fast so groß ist wie die ganze Bonner Innenstadt. Hier findest Du auch einen Abenteuerspielplatz mit meterlangen Klettergerüsten. Auf dem See, der von sechs Brücken überquert wird, kann man segeln und paddeln, Modellbötchen fahren lassen oder in aller Ruhe Wasservögel beobachten. Außerdem kannst Du in einem Blindengarten Deine Sinne schulen, einen japanischen Meditationsgarten besuchen und einen Rosengarten mit 6000 Rosenstöcken (mehr als 50 Sorten). Du kannst Fußball und Minigolf spielen, Drachen steigen lassen und zum Abschluß eines schönen Sommertages grillen. Und im Winter kann man an ein paar abschüssigen Stellen sogar rodeln!

Schattige Schluchten

Wanderung zur Waldau

Außerhalb der Innenstadt wird Bonn richtig ländlich. Wir beginnen unseren Ausflug auf den Venusberg am Clemens-August-Platz in Poppelsdorf und befinden uns bereits im Naturpark Kottenforst-Ville. Der Kottenforst diente den Kölner Kurfürsten zur Jagd. Die Trierer Straße, die wir nun ein Stück entlanggehen, verband früher einmal die Residenz des Kurfürsten (heute Hauptgebäude der Universität) und das Jagdschloß Herzogsfreude in Röttgen. Links geht die Straße „Zum Wingert" ab. Der Name erinnert daran, daß an diesen Hängen Wein angebaut wurde. Wir folgen rechts einem kleinen Weg in das Melbtal, vorbei an Gemüse- und Obstgärten. Der Melbbach, offiziell Engelbach genannt, trieb früher zwei Mühlen an. Die Art des Waldes, durch den wir gehen, wird „Schluchtwald" genannt. Das klingt allerdings schauriger als dieser Weg ist. Doch schattig ist es hier schon und krautig auch. Und es wachsen die für den Wald in Schluchten typischen Bäume. Kannst Du sie mit Hilfe der Blattbilder erkennen? Gemeine Esche und Schwarz-Erle, Berg-Ahorn und Trauben-Kirsche. Am Boden siehst Du auch Pflanzen, die sehr selten geworden sind: etwa den Winter-Schachtelhalm und den Riesen-Schachtelhalm. Im Frühsommer kannst Du viele Vögel hören, manchmal sogar eine Nachtigall. Weiter geht es vorbei an Gut Melb – dort ist das Institut für landwirtschaftliche Zoologie und Bienenkunde untergebracht – und über den Nachtigallenweg, der dann den Namen A 19 trägt und den Haager Weg überquert. Etwa 250

Spielplatz Waldau

Meter weiter biegt der Weg scharf nach Süden ab und trifft schließlich auf die Dottendorfer Allee. Bald sind wir bei der Waldau angelangt. Dieses Ausflugsziel ist zu Recht sehr beliebt bei Familien.

Hier gibt es zunächst einmal einen ganz großen Spielplatz und ein Wildgehege. Wer müde ist, kann sich auf Bänken ausruhen oder in dem Restaurant „Waldau" mit Garten. 1905 hatte die Stadt Bonn dieses Haus, ursprünglich ein altes Bauerngut, für 100 000 Goldmark gekauft. Nach und nach entwickelte sich daraus eine Gaststätte. Die „Waldau" (Tel. 02 28-28 18 84 und 28 10 35) eignet sich wegen der Umgebung sehr für große Familienfeste, zu denen auch Kinder kommen. Während die Erwachsenen zusammensitzen, können Söhne, Töchter und Enkel draußen toben. In dem Garten der „Waldau" findest Du übrigens Apfelbäume, die unter Naturschutz stehen. Deshalb kommen viele Bonner besonders zur Apfelblüte gerne hierhin.

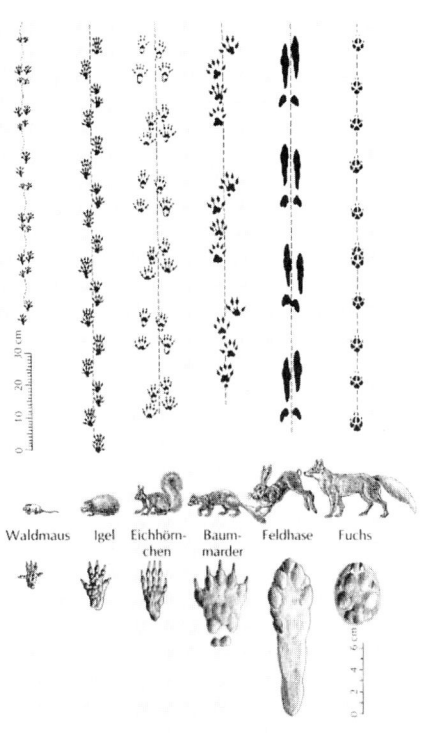

Für Fährtenleser

Waldmaus   Igel   Eichhörnchen   Baummarder   Feldhase   Fuchs

Das Haus der Natur

⇨ Seite 140

Gleich nebenan ist das „Haus der Natur". Es ist in einem wiedererrichteten Bauernhaus aus dem Hunsrück untergebracht. Die Ausstellung gliedert sich in sieben Themenkreise: Naturraum, Geologie, Boden, Kottenforst, Wald, Arten- und Biotopschutz sowie „Die grüne Pflanze". Wie wichtig die Grünzonen für unsere dicht besiedelte Landschaft sind, siehst Du auf einem Luftbild, das Bonn aus der Vogelperspektive zeigt. In der Abteilung „Geologie" kannst Du die Erdgeschichte des Bonner Raumes nachempfinden. In der Abteilung Biotop- und Artenschutz gibt es beispielsweise eine Streichelwand. Da dürfen Kinder ausprobieren, wie sich das Fell eines Kaninchens, das Stachelkleid eines Igels oder ein Maulwurf anfühlen. Auch die wichtigsten Pilze sind ausgestellt. Interessant ist es zudem, dem Treiben der

Das Haus der Natur

Bienen im gläsernen Bienenstock zuzusehen. Natürlich erfährst Du darüber hinaus eine Menge über den Wald. Du kannst unter anderem eine Baumscheibe der Napoleons-Ulme sehen. Als Napoleon 1804 über die alte Kölnstraße nach Bonn ritt, soll sein Pferd an diesem Baum gescheut haben. Den Jahresringen auf der Baumscheibe sind Daten zugeordnet, zum Beispiel: ca. 1760 Keimung (der Ulme), 1769 Napoleon geboren und 1977 Ulme abgestorben.

Neben dem „Haus der Natur" liegt ein Bauerngarten mit Gemüse und Salat, Gewürzkräutern und Heilpflanzen.

Wir sind langsam gegangen und haben rund eine Stunde gebraucht. Von der Waldau aus kann man weiterwandern (Richtung Annaberger Hof etwa), aber auch den Bus zurück nehmen.

Gemeine Esche

Schwarz-Erle

Berg-Ahorn

Die Streichelwand im Haus der Natur

Eine Zeitreise

Das Haus der Geschichte

Erzählt Dir deine Oma manchmal, wie schwer sie es hatte, als sie jung war? Wie zahlreiche Städte nach dem Zweiten Weltkrieg aussahen? Sie waren riesige Trümmerwüsten. Wohnhäuser und Fabriken, Straßen und Brücken waren zerstört. Einen Eindruck von dieser Zeit geben Gegenstände, Bilder und Filmdokumente im Haus der Geschichte. Du kannst aber auch sehen, wie sich unsere Lebenswelt seither verändert hat. Am besten fragst Du Deine Großeltern, ob sie Dich in dieses ganz besondere Museum zu einer Zeitreise begleiten. Für sie werden im Haus der Geschichte Erinnerungen wach. Und Du kannst ihnen Fragen stellen. Sie werden Dir von Erlebnissen berichten, die wie aus einer ganz anderen Welt klingen. Aber so lange ist das alles noch nicht her, nicht viel mehr als 50 Jahre.

⇨ Seite 141

Schulspeisung
nach dem Krieg
(Haus der
Geschichte)

Die Trümmerberge wurden vor allem von Frauen in Schwerstarbeit weggeräumt, weil die Männer im Krieg getötet worden oder noch in Gefangenschaft waren. Und die Kinder reichten die Steine weiter. Kleine Jungen und Mädchen in Deinem Alter stahlen auch Kohlen von Zügen, damit die Öfen wenigstens für eine kleine Weile beheizt werden konnten. Dieser Diebstahl sei ausnahmsweise erlaubt, ließ der Kölner Erzbischof Kardinal Frings, der „Chef" der katholischen Kirche im Rheinland, damals wissen. Und deshalb nannte man das Kohlenklauen mit einem Augenzwinkern „fringsen".

Trümmerstein-
Putzmaschine
(Haus der Geschichte)

Nach dem Krieg waren Lebensmittel äußerst knapp, viele Menschen hungerten und froren obendrein in zugigen Notunterkünften. Auf dem streng verbotenen Schwarzmarkt (dazu gibt es eine Hör-Ecke im Haus der Geschichte) tauschten sie, was ihnen geblieben war, gegen Lebensnotwendiges ein. Zigaretten gegen Schuhe, Schuhe gegen Mehl, Mehl gegen ein, zwei Eier, Eier gegen etwas Wolle für ein Kindermützchen. Geld war fast wertlos. Stattdessen gab es genau abgezählte „Bezugsmarken", etwa für Brot und Fleisch, aber auch für Seife. Die Mütter stellten sich an lange Schlangen an, um für die Marken ein Brot oder einen Hering zu ergattern, oft stundenlang. Und wenn sie dann endlich an die Reihe kamen, war manchmal alles schon weg. Andere vor ihnen hatten mehr Glück gehabt. Die Nahrungsmittel, die es auf die Marken gab, reichten nicht, um satt zu werden. Kinder sammelten Brennesseln für Salat und Bucheckern, aus denen Öl gewonnen wurde. Jungen und Mädchen freuten sich, wenn sie „Schulspeisung", etwa eine Milchsuppe, erhielten. Um die Klassen heizen zu können, brachten Kinder „Klütten" mit in die Schule.

Um die Jahreswende 1947/1948 mußte sich zum Beispiel eine Person in der Woche 2500 Gramm Brot, das Hauptnahrungsmittel, streng einteilen. Heute ißt einer in der gleichen Zeit etwa 4350 Gramm. Damals hatte man Anspruch auf 100 Gramm Fleisch pro Woche, heute verzehren wir etwa zehn Mal so viel. 1947/1948 erhielt man auf Marken 125 Gramm Obst pro Woche, heute läßt sich ein Mensch in sieben Tagen etwa 1175 Gramm Äpfel, Apfelsinen oder Weintrauben schmecken. Damals erhielt man in vier Wochen einen halben Liter Magermilch, heute trinkt jeder von uns während eines Monats ungefähr elf Liter Milch. Wiege die Mengen doch einmal auf der Küchenwaage ab.

Und frag Deine Großeltern nach „Hamsterfahrten". Mit dem Rucksack wanderten sie in ihrer Jugend aufs Land zu den Bauern, um dort die letzte Habe der Familie, Uhren, Stiefel oder auch Teppiche, gegen Kartoffeln oder ein Stück Butter einzutauschen.

Heinz Kühn, der frühere Ministerpräsident des Landes Nordrhein-Westfalen, erinnert sich an Weihnachten 1945, das erste Weihnachtsfest, an dem nicht mehr geschossen wurde, keine Bomben mehr fielen:

„Samstags gehört Vati mir" Plakat für die Fünf-Tage-Woche 1956 (Haus der Geschichte)

„Wir hatten dank der belgischen Freunde ein Weihnachtsessen, wie mir keines je wieder geschmeckt hat. So scheint es mir wenigstens in der Erinnerung. Es gab eine gute Suppe mit spärlicher Einlage, aber doch ein paar Fettaugen. Dann Bratkartoffeln – welche Wonne! – mit zwar wenig Fett, aber einer Scheibe Corned-Beef-Beilage. Und zum Schluß eine Ölsardine auf eine gebutterte Brotscheibe für jeden von uns drei. (...) Dazu hatten wir ein kleines zusammenklappbares papierenes Weihnachtsbäumchen, mit ein paar schmächtigen Miniaturkerzlein, wie man es den Soldaten in den Schnee Rußlands oder in die Bunker des Atlantiks geschickt hatte."

(Aus: Weihnachten 1945, herausgegeben von Claus Hinrich Casdorff, dtv 1984)

Was gab es bei Euch im letzten Jahr zu Weihnachten?

Noch schlimmer als unter Hunger und Kälte litten viele Menschen, deren Familien auseinandergerissen worden waren. Das geschah zum Beispiel, wenn sie vor fremden Soldaten fliehen mußten. In dem schrecklichen Durcheinander verloren sogar Mütter ihre Kinder. Mit Hilfe des Suchdienstes fahndeten Kinder nach ihren Eltern. Daran erinnern im Haus der Geschichte unter anderem ein Film und ein Plakat. Da werden Jungen und Mädchen gezeigt, die nicht wußten, wo ihre Eltern sind. So ist zum Beispiel ein Junge zu sehen, der mutterseelenallein auf einem Bahnhof gefunden worden war. Und das Mädchen Christiane wußte damals nur, daß die Mutter tot ist und der Vater zuletzt auf einem Kriegsschiff fuhr. Was aus diesen Kindern wohl geworden ist? In vielen Fällen hatte der Suchdienst übrigens Erfolg.

Das
Haus der Geschichte
der BR
Deutschland

Trotz aller Not bemühten sich die Menschen, irgendwie zurechtzukommen. Und sie waren zwangsläufig erfindungsreich. Aus amerikanischen Konservendosen fertigten sie Küchenreiben, aus Geschoßhülsen Kannen, aus Patronen Kerzenständer und aus Autoreifen Schuhsohlen. Auch dafür bietet das Haus der Geschichte Beispiele. Frag Deine Oma mal, womit die Kinder in diesen Zeiten gespielt haben – bestimmt nicht mit Lego oder Computer.

Du wirst noch eine Menge spannender und auch witziger Dinge im Haus der Geschichte entdecken. Unübersehbar ist der erste Dienst-Mercedes des ersten Bundeskanzlers Konrad Adenauer. Er hat unheimlich dicke

Reifen und eine Halterung für zwei Thermosflaschen – eine für ein heißes, eine für ein kaltes Getränk. Der Mann war offenbar sparsam. Unten, gleich wenn Du aus der U-Bahn kommst, staunst Du über einen Eisenbahn-Salonwagen, den die unterschiedlichsten Politiker gerne benutzten – statt, wie heute, mit Flugzeugen um die Welt zu düsen oder mit dem Hubschrauber zu reisen.

Dieser Salonwagen ist bereits im Oktober 1990, kurz nachdem mit dem Bau des Hauses der Geschichte begonnen worden war, in die untere Etage eingelassen worden. Mit dem Wagen reiste Bundeskanzler Konrad Adenauer unter anderem nach Moskau. Übrigens: Der dicke Dienst-Mercedes fuhr in einem Sonderwagen mit! Willy Brandt war der letzte Bundeskanzler, der mit dem Prunkstück deutscher Eisenbahngeschichte auf Tour ging.

Wir wollen hier nicht alle Stationen der Zeitreise in dem Haus der Geschichte aufzählen. Nur eins noch: Die amerikanische Weltraumbehörde hat dem Museum ein faustgroßes Stück Mondgestein überlassen. 1969 hatte der Amerikaner Neil Armstrong als erster Mensch den Mond betreten.

Extras:

- Die Museumspädagogen bieten nicht nur Führungen, die auf verschiedene Altersgruppen abgestimmt sind, sondern laden zum Experiment mit neuen Medien und zu Mitmachprogrammen ein. Sie haben Hefte mit Fragen zu den Sachen herausgegeben, die Du im Haus der Geschichte sehen kannst. In der Broschüre „Geldgeschichten" sind zum Beispiel Comics abgebildet, die Deine Eltern früher gelesen haben. Und Du sollst nun herauskriegen, was die Comics vor 40 Jahren gekostet haben. Beim Mitmachrätsel „Augenblicke" kannst Du unter anderem angeben, womit die Frauen die Steine aus den Trümmern bearbeitet haben. Denn der alte Mörtel mußte ja abgekratzt werden, damit die Steine für neue Häuser verbaut werden konnten. Dieses „Augenblicke"-Rätsel eignet sich insgesamt eher für Kinder von etwa 12 Jahren an – oder Erwachsene müssen kräftig mithelfen.

- Und schließlich hält dieses besondere Museum für Dich und Deine Freunde (etwa zu Geburtstagsrallyes durch das Haus) noch ein Postkartenspiel bereit (Schutzgebühr 10 Mark, ab 5 Exemplare 5 Mark).

Kindergeburtstag nach Anmeldung

- Wer seinen Kindergeburtstag mit Führung und Spiel im Museum feiern will, sollte sich etwa sechs Wochen vorher beim Besucherdienst anmelden (Mo–Fr, Tel. 02 28-91 65-4 00). Die Themen der kostenlosen Führungen (nicht unter zwölf Personen) können vorher abgesprochen werden. Im Mittelpunkt kann zum Beispiel das Thema „Spielzeug" stehen.
- Darüber hinaus bietet das Museum immer wieder einmal Sonntags-Programme, die eine ganze Familie von 11 bis 17 Uhr unterhalten.
- Eine Kleinigkeit essen kann man im Museumscafé (Preisbeispiele: Bratwurst mit Pommes Frites 8,50 Mark, Schnitzel und Pommes Frites 9,50 Mark, Cola (0,2 l) 2,90 Mark, Tasse Kaffee 3 Mark, eine Kugel Eis 1,50 Mark).

Nur für Erwachsene

Materialien (Bilder, Filme und Dokumente) zu dem dunkelsten Kapiteln deutscher Geschichte – dem Mord an Juden, politisch Verfolgten, an Roma, Sinti und Kranken – sind so angebracht, daß Kleinkinder sie nicht von sich aus sehen können.

Der Museumsbesuch läßt sich mit einer sportlichen Radrundfahrt über die Brücken und mit einem Action-Besuch in der Rheinaue verbinden (siehe dort).

Was es sonst noch gibt in Bonn (eine Auswahl)

Computerschule

In der Computerschule „Futurekids", Ringsdorfer Straße 2c, 53173 Bonn, Tel. 02 28-3 68 00 23, werden Kinder fit für die Zukunft gemacht, indem Fachleute sie spielerisch an die Computertechnologie heranführen. Die Initiatoren weisen darauf hin, daß schon bald neun von zehn Arbeitsplätze mit Computern ausgestattet sein werden. Das ist ein guter Grund, Kinder schon heute mit Fähigkeiten auszustatten, die sie morgen brauchen werden. Gleichzeitig will „Futurekids" kindliche Kreativität fördern. Die Idee ist von Los Angeles ausgegangen und hat sich in rund 70 Ländern durchgesetzt. Da es weltweit 1200 Futurekids-Center gibt, können die Kids per Online Freundschaften mit Kindern in aller Welt schließen.

Fit für die Zukunft

Jungen und Mädchen zwischen vier und 14 Jahren werden in alters- und kenntnisspezifischen Kleingruppen einmal in der Woche unterrichtet. Im Laufe eines Jahres werden alle wichtigen PC-Bereiche abgedeckt – „ohne Streß und Leistungsdruck". Damit sollen die Kinder auch gegen die Gefahren der neuen Technologien gewappnet werden. Spezielle Kurse gibt es in den Schulferien. Kosten 87 Mark im Monat.

Drachensteigen

In der Rheinaue, im Park vor der Universität und im Kottenforst

Inline-Skating und Skateboard

Neben der Halfpipe in der Rheinaue bieten sich an: die Rollschuhbahn der Bezirkssportanlage die Endenich, die Wege des Sportparkes Nord – und vor allem der Skater Park 2000, eine super Indoor-Halle (Am Krähenhorst 11, 53119 Bonn, Tel. 02 28-66 20 44, Fax 02 28-66 20 42).

Große Indoor-Halle für Skater

Skater Park 2000: Im Norden Bonns hat Ende 1996 eine große Indoor-Halle für Skater geöffnet, die auch als erstes offizielles Ausbildungszentrum des Deutschen Inline Skating Verbandes dient.

Spezialisten unter den Kids erkennen an den Fachbegriffen, daß das Angebot sensationell ist, für Anfänger ebenso wie für ausgebuffte Könner: Auf 2300 Quadratmetern Fahrfläche gibt es unter anderem in der oberen Halle eine Miniramp mit 1,80 Metern Höhe und eine Miniramp mit einer Höhe von 1,50 Metern. Zum Street-Parcour zählen zwei große Fun-Boxen mit unterschiedlichen Transitions, Banks und Doppelrails (alles klar?).

Geboten werden außerdem: drei Quarterpipes, davon eine mit gleich drei verschiedenen Höhen. Sonst noch: eine Spine (1,50 Meter), unterschiedliche Bodenrails, eine Jump-Box, Action auf Rollen, Hockey und – neu – eine Minirampenlandschaft im Keller.

Minirampe im Keller

Wer keine Inliner besitzt, kann sie sich für acht Mark pro Tag leihen, einschließlich Schutzbekleidung müssen 15 Mark bezahlt werden. Angeboten werden auch Kurse für Anfänger (ab 39 Mark) und Fortgeschrittene (ab 49 Mark). Der Eintritt kostet pro Tag 10 Mark (Ermäßigung für Gruppen auf Anfrage!). Die Öffnungszeiten: montags bis freitags 14 bis 21 Uhr, samstags 10 bis 22 Uhr, sonntags 10 bis 21 Uhr.

Vormittags wird die gesamte Anlage für Schulklassen und Gruppen zur Verfügung gehalten!!

Jugendfarm Bonn, Holzlarer Weg 74, 53229 Bonn-Pützchen, Tel. 0228-48 56 03.

Das Richtige für Stadtkinder

Das Richtige für Stadtkinder. Auf der Jugendfarm geht es fast so zu wie auf einem Bauernhof, und die Kinder dürfen kräftig mit anpacken, zum Beispiel die Tiere (Pony, Ziegen, Schweine, Hühner, Kaninchen) füttern. Denn hier lernen die Jungen und Mädchen, was es heißt, Verantwortung für ein Tier zu übernehmen. Angeboten werden zudem Abenteuercamps in den Ferien, Erlebnistage für Schulklassen, feste Programme an den einzelnen Wochentagen (etwa Spielen und Basteln, Hockey und Basketball oder Töpfern), Kinder von 6 bis 14 Jahren, die hier regelmäßig spielen, zahlen eine Anmeldegebühr von 40 Mark im Jahr, zusätzlich 5 Mark Versicherung. Familien, die Mitglied sind, entrichten pro Jahr 48 Mark. Hat die Familie mehrere Kinder, werden für diese nur die Versicherungsgebühren zusätzlich erhoben.

Die Vormittags-Veranstaltungen für Kindergartengruppen und Schulklassen bedürfen einer Anmeldung. Kosten Schüler: Erlebnistag mittwochs bis freitags pro Kind 10 Mark, Zwei-Tages-Projekt pro Kind und Tag 11 Mark; die Klasse wird zu Beginn des Erlebnistages nach Interessen in zwei Gruppen aufgeteilt.

Kindergartenkinder (montags und dienstags) zahlen pro Kopf 5 Mark.

Kunstschule

Im „Atelier im Baumhaus", Kreuzstraße 47, 53225 Bonn (Beuel), Tel. 02 28-46 52 65, können Kinder kreativ werden. Hier bietet die Kunst- und Kulturinitiative e.V. von Dienstag bis Donnerstag Kurse für verschiedene Altersstufen an. Monatsbeitrag von 50 Mark an, Ermäßigung für Geschwisterkinder.

Schmetterlinge im
Museum König

Minigolf

Außer dem Platz in der Rheinaue bietet sich noch die Minigolf Sport- und Freizeitanlage in Bad-Godesberg an, Marienforster Promenade 1, 53177 Bonn, Tel. 02 28-35 12 54. Preise: Kinder 3 Mark, Erwachsene 4 Mark.

Museen

Museum **Alexander König,** Adenauerallee 160, 53113 Bonn, Tel 02 28-9 12 20.

König war der Sohn eines wohlhabenden Industriellen und konnte es sich nach seinen zoologischen Studien leisten, sich ganz seinen Forschungsreisen zu widmen. Von denen brachte er umfangreiches Material mit. Um der Öffentlichkeit seine Sammlung zugänglich zu machen, erbaute König das Museum, das zu den bedeutendsten seiner Art zählt. Im Museum finden Kinder alles von der Mücke bis zum Elefanten. Gutes museumspädagogisches Angebot (Museumspädagogin Heine, Tel. 02 28-9 12 22-15). Öffnungszeiten: dienstags bis freitags 9 bis 17 Uhr, samstags 9 bis 12.30 Uhr, sonntags 9.30 bis 17 Uhr Eintrittspreise: Schüler in Gruppen ab 15 Personen 2 Mark, Erwachsene 4 Mark.

Deutsches Museum Bonn, „im Gespräch mit Wissenschaft und Technik" Wissenschaftszentrum, Ahrstraße 45, 53175 Bonn-Bad Godesberg, Tel. 02 28-302-255, Ansprechpartnerin für Kindergruppen und Schulklassen Frau Dr. Andrea Niehaus, Tel. 302-216.

Für Neugierige zwischen 9 und 99

Das Museum stellt Forschung und Technik in Deutschland nach 1945 anschaulich dar. Es ist hochinteressant für „Neugierige zwischen 9 und 99". Zu sehen sind unter anderem die Geräte von Nobelpreisträgern, technische Leistungen vom Dübel bis zum Transrapid, ein Weltraumlabor und Verfahren der Medizintechnik sowie Hirnforschung. Erklärungen helfen, das Gezeigte zu verstehen. Im Mittelpunkt steht der Dialog. Der Besucher hat die Möglichkeit, sich aufgezeichnete Gespräche zwischen bekannten Persönlichkeiten aus Forschung, Technik, Wissenschaft, Wirtschaft und Politik anzuhören.

Besonders hervorzuheben sind drei Veranstaltungsreihen, die sich für interessierte Kinder eignen:

Im Gespräch mit Wissenschaft und Technik

- Wissenschaft live", eine Fernseh-Live-Sendung mit spannenden Themen rund um Wissenschaft und Technik. Schüler haben die Möglichkeit, sich über Bildtelefon mit Wissenschaftlern an ihren Arbeitsplätzen zu unterhalten und hinter sonst verschlossene Türen zu blicken. Im Jahr 1998 geht es unter anderem um Genforschung, Solarenergie und Müllverbrennung.
- Meisterwerke aus dem Deutschen Museum in München – Zwölf Meisterwerke aus der ständigen Sammlung des Deutschen Museum in Bonn. Zwölf junge Wissenschaftler haben sich mit jeweils einem der Stücke beschäftigt und die Ausstellung vorbereitet. Begleitende Veranstaltungen sind geplant. Zu den Ausstellungsstücken werden unter anderem gehö-

ren: das Klepper-Faltboot von Hannes Lindemann, die erste elektrische Eisenbahn von W. Siemens.

• Die populäre WDR-Sendung „Quarks & Co" mit dem berühmten Moderator Ranga Yogeshwar macht Wissenschaft für jeden verständlich. Nun gestaltet der WDR im Museum einen Bereich, in dem Experimente der Sendung selbst ausgeführt oder beobachtet werden können. Besucherbetreuer helfen.

Öffnungszeiten: dienstags bis sonntags, 10 bis 18 Uhr. Eintrittspreise: Kinder 4 Mark, Erwachsene 7 Mark, Familienkarte 12 Mark, Schüler, die mit ihrer Klasse kommen, zahlen pro Kopf 2 Mark, Kinder unter sechs Jahren keinen Pfennig. Anfahrt mit öffentlichen Verkehrsmitteln Stadtbahn 16 und 63, Haltestelle Deutsches Museum/Hochkreuz, Bus 610 und 614, Haltestelle Kennedyallee. Achtung: Schlechte Parkmöglichkeiten für Autos.

Heimatmuseum Beuel, Steinerstraße 34 bis 36, 53225 Tel. 02 28-46 30 74.

Das älteste noch erhaltene Fachwerkhaus des Ortes mit Wirtschaftgebäuden wie Stall und Scheune gibt einen guten und sehr anschaulichen Einblick in das Alltagsleben vergangener Zeiten. Du siehst zum Beispiel eingerichtete Räume wie Küche, Schlafzimmer, Wohnzimmer und eine Schulstube. Stall und Scheune zeigen Ausstellungsstücke zu den Themen Wäscherei (einst Beuels Hauptgewerbe), Fischerei, Handwerk und Landwirtschaft. Im zugehörigen Backsteinhaus ist in mehreren Etappen die Beueler Geschichte von der Urzeit bis 1969 dargestellt. Besondere Attraktionen: Mammutstoßzähne, eine handgefertigte Römerrüstung. Geöffnet mittwochs, samstags und sonntags 15 bis 18 Uhr, Gruppenführungen nach Vereinbarung.

Zähne vom Mammut und eine Römerrüstung

Eine große Fülle von hochinteressanten, lehrreichen und unterhaltsamen Programmen speziell für Kinder bieten die **Kunst- und Ausstellungshalle der Bundesrepublik Deutschland,** Friedrich-Ebert-Allee 4, 53113 Bonn, Tel. 91 71-2 00 (Öffnungszeiten dienstags bis sonntags 10 bis 19 Uhr) und das Kunstmuseum Bonn,

Friedrich-Ebert-Allee 2, 53113 Bonn, Tel. 77 62 60 (Öffnungszeiten dienstags bis sonntags, 10 bis 18 Uhr).

Spielplätze

Plätze und Häuser zum Spielen

Spielplatz am Hofgarten, Innenstadt, großes Kletter- und Turngerüst, Piratenschiff aus Holz; Spielplatz bei der Jugendverkehrsschule am Landgrabenweg, Piratenschiff, nach dem Sponsor „Haribo-Schiff" genannt.

Spielhäuser

Im ganzen Stadtgebiet verteilt: Hier können Pänz zwischen 6 und 14 Jahren unter Anleitung von Pädagogen basteln und werken, kochen und malen, Fußball spielen. Die Spielhäuser sind ganzjährig geöffnet, Auskunft beim Jugendamt der Stadt, Tel. 02 28-77-31 und -57 58.

Schwimmbäder/Freibäder

Freibad **Rüngsdorf**, Am Schwimmbad, 53179 Bonn-Rüngsdorf, Tel. 02 28-33 13 24. Wildwasserkanal, Wasserkanonen, Rutsche, Wasserpilze, Bodensprudler, Kinderspiellandschaft, Zehn-Meter-Turm. Ausblick auf das Siebengebirge! Preise: Kinder zwischen 7 und 14 Jahren zahlen 2,50 Mark, Erwachsene 5 Mark. Öffnungszeiten: Montags bis freitags 6.30 bis 19 Uhr, samstags und sonntags 9.30 bis 19.30 Uhr.

Römerbad, Eduard-Spoelgen-Straße 11, 53117 Bonn, Tel. 02 28-67 76 11. Spiellandschaft, Liegewiesen, Spielwiesen, Planschbecken. Attraktion: ein riesiges Wellenbad. Preise: Kinder unter 7 Jahren in Begleitung Erwachsener frei, Kinder von 7 bis 14 Jahren 2,50 Mark, Erwachsene 5 Mark. Öffnungszeiten: Montags bis freitags 6.30 bis 19.30 Uhr (bis 10 Uhr nur Sportbecken), samstags und sonntags 9.30 bis 19.30 Uhr.

Außerdem:
Melbbad, Trierer Straße 59, 53115 Bonn-Poppelsdorf, Tel. 02 28-7 72 46 (liegt schön).

Ennertbad, Holtorfer Straße 40, 53229 Bonn-Beuel, Tel. 02 28-48 27 64. Kinderspielplatz, Wasserkanonen, Wasserpilz.

Freibad **Friesdorf**, Margaretenstraße 14, 53175 Bonn-Friesdorf, Tel. 0228-311150. Kinderspiellandschaft.

Hallenbäder

Kurfürstenbad, Kurfürstenallee 7a, 53177 Bonn-Bad Godesberg, Tel. 35 39 86. Schwimmverein Bad Godesberg betreut Kinder- und Jugendgruppen.

Hallenbad Beuel, Goetheallee 29–35, 53225 Bonn (Beuel), Tel. 02 28-46 22 53, DLRG gibt Schwimmkurse für Kinder.

Im Freien, in der Halle oder beides

Kombibad

Hardtbergbad, In der Dehlen, 53125 Bonn-Hardtberg. Im Freibereich gibt es eine Matschecke für die Jüngsten! Preise: Kinder unter 7 Jahren in Begleitung Erwachsener frei, 7 bis 14 Jahre 2,50, Erwachsene 5 Mark. Öffnungszeiten: Freibad (beheizt) montags bis freitags 6.30 bis 19.30 Uhr, samstags 7 bis 19.30 Uhr, sonntags 8 bis 19.30 Uhr. Hallenbad: in der Woche sehr unterschiedlich, aber samstags 7 bis 17 Uhr und sonntags 8 bis 15 Uhr.

Stadtsportbund

Auskunft über 280 Sportvereine erteilt der Stadtsportbund Bonn, Am Frankenbad 2, 53111 Bonn, Tel. 02 28-69 22 96 (mittwochs 16 bis 19 Uhr).

Tanz-und Theaterschule

In der Brotfabrik, Kreuzstraße 16, 53225 Bonn-Beuel, Tel. 02 28-47 35 15, können Kinder sogar afrikanische Tänze lernen. In der Theaterschule spielen sie unter anderem lustige Figuren aus Kinderbüchern nach.

Das Kinderbuchmuseum

3. Erlebnis Troisdorf

Wo Drachen lächeln

Eine Radtour zum Bilderbuchmuseum

Aus dem Alter, in dem man Bilderbücher anschaut, bist Du wahrscheinlich längst heraus. Aber erinnerst Du Dich noch daran, welche Bücher Du am liebsten hattest, als Du noch klein warst? War es vielleicht „Wo die wilden Kerle wohnen" von Maurice Sendak? Oder hast Du Dir gerne Märchen vorlesen lassen wie „Schneewittchen" oder „Zwerg Nase"? Die bekanntesten Märchenfiguren wirst Du wiederfinden, wenn Du das Bilderbuchmuseum auf Burg Wissem besuchst. Der Troisdorfer Künstler Hawle hat sie im Flur dieses in Europa einzigartigen Museums an die Wand gemalt. Schau mal hin, welche Märchen erkennst Du? Findest Du Frau Holle, die die Betten ausschüttelt? Siehst Du den lächelnden roten Drachen, vor dem sich ein ängstlicher König im Baum versteckt?

Rotkäppchen ahnt etwas ...

Hawle hat auch in der Troisdorfer Friedensstraße die Fassaden von Häusern gestaltet. Er zeigt in prallen Farben und einfachen Formen, wie sich eine Landschaft in den verschiedenen Jahreszeiten verändert. Seine Malerei nennt man „naiv" – das heißt, daß er seine Kunst nicht an einer Hochschule von großen Meistern gelernt, sondern sich alles selbst beigebracht hat. Die Bilder sind fröhlich, und man kann viele Einzelheiten auf ihnen entdecken.

⇨ Seite 142

Aber zurück zum Bilderbuchmuseum. Da kannst Du nicht nur Bilderbücher anschauen und Dich erinnern, sondern in – festhalten! – mehr als 7000 Kinder-, aber auch Jugendbüchern schmökern. Du hast richtig gelesen: Jugendbüchern. Also ist das Bilderbuchmuseum durchaus etwas für Dich! Aber obwohl Du schon so groß bist: Vielleicht magst Du trotzdem in dem schnuckeligen Erker des Museums nicht nur selbst Märchen lesen, sondern sie Dir auch wieder einmal vorlesen lassen. Manchmal sind wir doch alle gerne wieder mal klein. Außerdem kannst Du in dem Museum etwas lernen. Du erfährst eine ganze Menge darüber, wie sich Erwachsene ihre Kinder früher wünschten. Und die wünschten sich keinesfalls „wilde Kerle".

Richtig schrecklich wie ein Horror-Comic kommt uns heute zum Beispiel der „Struwwelpeter" vor. Den siehst Du im Bilderbuchmuseum nur hinter Glas. Und zwar mit gutem Grund. Denn dieses Buch, in dem alle Geschichten böse ausgehen, sollte Kindern Angst einjagen – damit sie bloß artig sind. Der Frankfurter Nervenarzt Dr. Heinrich Hoffmann schrieb es als Weihnachtsgeschenk (!!!) für seinen damals dreijährigen Sohn. Und er selbst fand die Geschichten auch noch drollig. Hältst Du das auch für komisch, wie er sein Kind und all die anderen vor dem Daumenlutschen abhalten wollte?

Die „Struwwelpeter"-Vitrine

Bautz, da geht die Türe auf,
und herein in schnellem Lauf
springt der Schneider in die Stub'
zu dem Daumenlutscher-Bub.
Weh! Jetzt geht es klipp und klapp

mit der Scher' die Daumen ab,
mit der großen scharfen Scher'.

Hei, da schreit der Konrad sehr.
Als die Mutter kommt nach Haus,
sieht der Konrad traurig aus.
Ohne Daumen steht er dort,
die sind alle beide fort.

Dieses Buch ist Mitte des vorigen Jahrhunderts erschienen und hat vielen Kindern Alpträume verursacht. Schließlich gab es zu dieser Zeit in vielen Haushalten nur dieses eine – kein Vergleich zu heute. Allerdings waren nicht alle Väter so merkwürdig wie der Doktor Hoffmann. Der Norddeutsche Fritz Klemm schrieb für seine Töchter ein ganz anderes, liebes Buch, das die Phantasie auf ganz friedvolle, freundliche Weise anregt. Es heißt „Lütt Marieken ehr Kön" (Klein Mariechens Kühe"). Darin wird beschrieben, wie Mariechen sich aus Tannenzapfen eine Kuhherde bastelt, ihr einen Stall baut, sie füttert und abends heimbringt. Doch in aller Welt als „typisch deutsch" berühmt geworden ist der schlimme „Struwwelpeter". Im Bilderbuchmuseum kann man in einer Vitrine sehen, daß der „Struwwelpeter" auf höchst unterschiedliche Arten neu bearbeitet und auch auf die Schippe genommen worden ist. Da liegen der „Kriegs-Struwwelpeter" von 1915, der „Struwwelhitler – a Nazi Story Book by Doktor Schrecklichkeit" (das wollen Dir vielleicht Deine Eltern und Lehrer erklären) oder auch der „Kölsche Struwwelpitter".

Das Museum ist gut für viele Entdeckungen, die erhellen, was Erwachsene einst von Kindern erwarteten und welche Vorstellungen sie so von Jungen und Mädchen hatten. Für „Knaben, die sich in ihren Freistunden gern angenehm und nützlich beschäftigen wollen" gedacht war etwa das „Käfer-Büchlein, Beschreibung der schönsten, nützlichsten und schädlichsten in- und ausländischen Käfer nebst einer kurzen Anweisung, Käfer zu fangen und sie, nebst ihren Eiern, Larven und Puppen für Sammlungen herzurichten". Uff. Na, falls Du ein „Knabe" bist, wäre das ein Hobby für Dich?

Hans im Glück

Andere Werke sind ausdrücklich als „erste Nahrung für den keimenden Verstand guter Kinder" (1824) bezeichnet oder als „Buch für Kinder gebildeter Stände" (1833).

Troisdorfer Bilderbuchpreis

In einem besonderen Raum sind jene Werke ausgestellt, die mit dem „Troisdorfer Bilderbuchpreis" ausgezeichnet worden sind, der alle zwei Jahre verliehen wird. Da gibt es wunderbar gelungene Bücher, die auch größere Kinder wie Du gewiß gerne einmal durchblättern.

Aber manchmal haben Erwachsene einen ganz anderen Geschmack als Kinder. So wählten die Preisrichter beim letzten Mal das Buch „Koch Eduard träumt" von Juliane Plöger aus. Tja, und dann konnten Kinder damit nichts anfangen. Jungen und Mädchen eines vierten Schuljahres wurden nach ihrer Meinung befragt und trafen eine andere Wahl. Sie fiel auf das Buch „Schlaft gut, liebe Tiere" von Susanne Riha. Und die bekam dann auch noch einen Preis. So ernst werden Kinder von den Leuten des Bilderbuchmuseums genommen!

Das Bilderbuchmuseum ist 1982 in dem roten Wasserschloß Burg Wissem gegründet worden. Den Grundstock bildete die Stiftung des Kaufmanns Wilhelm Alsleben, der 300 Original-Illustrationen, moderne Kinderbücher, Lithosteine und Holzdruckstöcke beisteuerte. Inzwischen wurde die Sammlung auf 3000 Illustrationen und 10 000 Kinderbücher erweitert. Hinzugekommen ist auch die historische Kinderbuchsammlung des früheren Kölner Professors Theodor Brüggemann.

Auf jeden Fall solltest Du viel Zeit zum Gucken, Träumen und Schmökern mitbringen. Ehrensache, daß Du mit den Büchern in der Lesebibliothek gut umgehst.

Die Radtour zum Bilderbuchmuseum

Wir sind mit dem Rad zum Bilderbuchmuseum gefahren. Vom Troisdorfer Bahnhof Friedrich-Wilhelm-Hütte folgst Du dem Radweg Richtung St. Augustin, biegst aber an der Brücke bei der Müllumladestation nicht rechts nach St. Augustin ab, sondern fährst geradeaus unten an der Agger weiter, vorbei am Bootsverleih, der vielleicht verschwinden wird, Richtung Troisdorf. In der Höhe des Aggerfreibades, das zu einem Spaßbad erweitert wird, wechselst Du auf den Damm. Es geht vorbei an Weiden und Wiesen, immer weiter. Wenn die Frankfurter Straße kommt, strampel unter ihr her auf dem Damm weiter Richtung Aggerstadion. Hinter dem Aggerstadion geht es links in die Taubenstraße, die Heerstraße und die Straße Am Hirschpark. Von da radelst Du rechts ab in den Wald (Wanderwege A1/A3). Und nachdem Du den Hirschpark rechts hast liegenlassen, bist Du schon da. Der Weg dauert, natürlich gemütlich zurückgelegt, etwa eine Stunde.

⇨ Seite 142

Du kannst dieselbe Strecke zurückradeln. Wir machen auf dem Heimweg immer noch einmal an der Minigolfbahn beim Aggerfreibad Station, weil sie schön idyllisch unter Bäumen liegt und echt dörfliche Preise hat.

Wir finden, daß dieser Halbtages- oder Tagesausflug eine wunderbare Mischung von Ruhe und Action ist. Und wenn Du zuhause müde in Dein Bett sinkst, dann träumst Du hoffentlich von wilden Kerlen und nicht von dem armen Konrad.

Mini beim Minigolf

Extras:

- Workshops für Kinder zu bestimmten Themen. In den Sommerferien 1997 hieß das Motto zum Beispiel „Des Kaisers neue Kleider – Wir bauen ein Figurentheater".
- Mitgestaltung von Kindergeburtstagen. Nach dem auf das Alter der Kinder abgestimmten Rundgang können Kindern malen und basteln. Das Thema wird vorher mit den Eltern des Geburtstagskindes abgesprochen.
- Rechts vor dem Bilderbuchmuseum erblickst Du die Skulpturengruppe „Hans im Glück" des Troisdorfer Künstlers Tor Michael Sönksen. Die Figuren wurden mit Laserschneider aus 8 Millimeter dicken Stahlplatten herausgetrennt. Sie sollen zeigen, wie sich der Hans aus dem Märchen der Gebrüder Grimm nach

und nach von seinem Besitz trennt, um schließlich weiser und so auch „erwachsen" zu werden. Denn Reichtum ist nicht alles. Erinnere Dich: Hans erhält zuerst einen Goldklumpen, übrigens ein Symbol für Weisheit und Ehre, Beständigkeit und Überlegenheit (diese Erklärungen entnehmen wir einem Heft der Stadt Troisdorf).

Er tauscht das Gold gegen ein Pferd, das Pferd gegen die Kuh, die Kuh gegen das Schwein, das Schwein gegen die Gans. Die Gans ist ein wachsames Tier. Letztlich bekommt Hans den Mühlstein, der soll das Schicksal bedeuten. Und als Hans den Mühlstein los wird, hat er das Glück gefunden. Lies das Märchen im Museum doch einmal nach. Der Künstler hat die Figuren übrigens nicht bunt haben wollen, damit sie nicht kitschig wirken.

⇨ Seite 142

Aggerfreibad

Das Freibad liegt direkt an der Agger im Grünen unter hohen alten Bäumen, die Schatten spenden. Die Liegewiesen sind 30 000 Quadratmeter groß. Geboten werden: Babybecken, Nichtschwimmer-, Schwimmer- und Springerbecken (Springen kann man vom Dreier, Fünfer und von 7,5 Meter Höhe). Außerdem gibt es eine große, 87 Meter lange Rutsche, Basketballkörbe, Fußballtore, Tischtennisplatten, Volleyballnetz, Schach-, Dame- und Mühlefelder und viel, viel Platz zum Toben.

Übrigens: Hier entsteht in Verbindung mit dem Aggerfreibad für 30 Millionen Mark das neue Spaßbad „Aggua Troisdorf". Es soll im Februar 1999 eröffnet werden und im Innenbereich 1000 Quadratmeter Wasserfläche haben, im Außenbereich 1200 Quadratmeter. Wegen des neuen Spaßbades, das unter anderem auch eine Wildwasserbahn bieten wird, werden die Troisdorfer Hallenbäder Ende 1998 geschlossen.

Auf Schumis Spuren

Schnelle Runden über die Kartbahn

Guckst Du Dir etwa auch so gerne Autorennen im Fernsehen an, oder hast Du vielleicht sogar so ein Computer-Spiel, mit dem man so tun kann, als säße man am Steuer eines rasend schnellen Wagens? Dann möchtest Du sicherlich gerne einmal mit einem Kart fahren. Du weißt sicher, daß auch der Formel-Eins-Fahrer Michael Schumacher und sein Bruder Ralf ihre Karriere auf einer solchen Bahn in Kerpen begonnen haben. Deine Eltern werden am besten einschätzen können, ob Du vernünftig genug für ein solches Abenteuer bist. Denn Du mußt schon ein bißchen aufpassen, um Dich und andere nicht zu gefährden.

Eine Bahn in einer Halle findest Du ganz in der Nähe des schönen großen Spielplatzes Haus Rott: Das „Kart-In Troisdorf". Früher war hier eine Eisfläche zum Schlittschuhlaufen, der viele Kinder aus der Gegend nachtrauern (die gehen jetzt in die Eissporthalle Hennef, Tel. 0 22 42-50 50). ⇨ Seite 143

Hier geht's ab ...

**Anfänger legen
langsam los**

Für Kinder gibt es kleinere Karts. Sie sollten aber doch schon etwa acht Jahre alt sein, auch wenn ein Mitarbeiter des „Kart-In" meint, jeder Knirps könne fahren, der wisse, wo Gas und Bremse sind. Vor dem Start wird im übrigen alles in Ruhe erklärt. Anfänger sollten sich nicht übernehmen und langsam loslegen. Denn die Strecke hat es in sich. Sie ist 310 Meter lang und besitzt eine Steilkurve mit einer Neigung von 39 Grad. Es sieht schon verrückt aus, wenn geübte Nachwuchs-Schumis über diese Bahn flitzen. Bei den Motoren handelt es sich um gasbetriebene Honda-Maschinen. Früher liefen die Fahrzeuge mit Benzin, das stank fürchterlich. Die Karts haben 5,5 PS (die Obergrenze für Indoor-Bahnen). Sie erreichen eine Geschwindigkeit von 35 bis 40 Kilometern pro Stunde, am Ende der Steilkurve sind es sogar 60 bis 65 Stundenkilometer. Das Tempo der Kinder-Karts ist gedrosselt. Im übrigen sieht sich der Technische Überwachungsverein die Maschinen und auch die Bahn regelmäßig an.

Das Kartfahren ist recht teuer. Und das, erklärt man uns, hänge mit dem schnellen Verschleiß zum Beispiel der Reifen zusammen. Ein Satz kostet 160 bis 180 Mark. Und das alle zwei Monate.

**Schlauchboot fahren
am Rotter See**

Wie schon gesagt, kannst Du den Besuch der Kart-Bahn mit einem Spielnachmittag auf dem Gelände an Haus Rott verbinden, Drachen steigen lassen, Fußball spielen, grillen und auf der Skater-Bahn noch ein bißchen an der frischen Luft herumflitzen (siehe „Was es sonst noch gibt in Troisdorf"). Gleich nebenan liegt auch der Rotter See, in dem Du schwimmen und Schlauchboot fahren kannst (Boot mitbringen!). Für Gruppen versprechen die Betreiber der Kart-Bahn Sonderpreise. Dann könnt Ihr bei einem Kindergeburtstag ordentlich um die Wette Kart fahren und dann noch ein bißchen draußen toben und picknicken. Das ist doch eine tolle Mischung.

Zu Dünen und Mooren

Eine Wanderung durch die Wahner Heide

Panzer können auch etwas Gutes bewirken. In der **Wahner Heide**, die seit 1817 als Truppenübungsplatz dient – es ist der älteste Deutschlands –, waren sie durchaus nützlich. Warum, wollen wir Dir erklären:

Die Heide ist ein Naturraum, der nicht dort entsteht, wo man die Natur in Ruhe läßt, sondern dort, wo der Mensch eingreift. Man spricht von einer Kulturlandschaft. Vor undenkbar langer Zeit floß einmal der Rhein, wo sich heute die Wahner Heide erstreckt. Er ließ, als er sich ein neues Bett suchte, Sand und kleine Kiesel zurück. Einen solchen Boden nennt man nährstoffarm. Er eignet sich nicht für den Ackerbau. Im Mittelalter wurde die Wahner Heide denn auch als Weideland benutzt, auf das jeder seine Rinder, Schafe und Ziegen treiben durfte. Die Pflanzen und Sträucher wurden also immer wieder abgefressen. Außerdem wurden sie abgeschnitten (geplaggt) und als Einstreu für die Ställe benutzt. Das führte dazu, daß nur ganz bestimmte Pflanzenarten sich in dieser Landschaft halten konnten. Sie prägen heute noch weitgehend das Bild der Heide. Denn das „Plaggen" haben lange Jahre die Panzer übernommen. Sie machten auf ihren Fahrtrassen alles nieder – und es siedelten sich Pflanzen an, die ganz geringe Ansprüche an den Boden stellen.

Panzer bewirkten etwas Gutes

Noch etwas Gutes hatten die Panzer: Wo sie rollen und Soldaten das Schießen proben, werden keine Straßen angelegt und Häuser hochgezogen. Zudem darf man den Truppenübungsplatz **nur an Wochenenden** und an bestimmten **Feiertagen** betreten. Und rund 100 Hektar sind militärisches Sperrgebiet. Da haben nur die Soldaten etwas verloren – und sonst niemand. So hatten seltene Pflanzen und Tiere hier eine Nische, in der sie einigermaßen in Ruhe gelassen werden. Allerdings liegt mitten in diesem Gebiet heute der Flughafen Köln/Bonn. Er soll erweitert werden, um mehr Flugzeuge abfertigen zu können und somit auch mehr Menschen Arbeit zu geben. Naturschützer sind dagegen,

**Flugzeug
über der
Wahner Heide**

und Anwohner fürchten den Lärm. Die verschiedenen Interessen sind schwer zu vereinbaren.

Wir wollen einmal erkunden, warum die Wahner Heide ein so wertvoller Naturraum ist. Uns begleitet ein junger Mann, der für das **Informationszentrum Wahner Heide** arbeitet. Er weist uns darauf hin, daß jetzt schon mehr als die Hälfte des Flughafengeländes aus „Biotopen" besteht, also aus nach Gesetz geschützten Rückzugsgebieten für seltene und vom Aussterben bedrohte Tiere und Pflanzen. Sie sind in einer „Roten Liste" erfaßt. Auf der stehen mehr als 600 Tier- und Pflanzenarten, die in der Wahner Heide überlebt haben. Warum ist es eigentlich so wichtig, daß sie nicht ausgerottet werden?

Rückzugsgebiet für bedrohte Tiere und Pflanzen

Zum einen machen sie unsere Welt reicher. Nur zwei Beispiele: Es ist doch schön, ganz unterschiedliche Vogelarten hören zu können. Etwa wenn in der Wahner Heide der etwas traurig klingende Gesang der **Heidelerche** erklingt, der rauhe, etwas kratzende des **Schwarzkehlchens** oder das dumpf summende Meckern, das die **Bekassine** („Himmelsziege") anstimmt, wenn sie balzt, also um einen Partner wirbt. Dieses „Meckern" entsteht übrigens durch zitternde (vibrierende) Schwanzfedern. Heidelerche, Schwarzkehlchen und Bekassine sind vom Aussterben bedroht beziehungsweise gefährdet.

Und es macht doch auch Freude, ganz verschiedene Kräuter und Blumen blühen zu sehen – wie das rötliche **Kleine Tausendgüldenkraut** oder die **Blaue Glockenheide**. Auch sie stehen auf der Roten Liste.

Tausendgüldenkraut und Blaue Glockenheide

Doch vor allem greifen in der Natur eines bestimmten Lebensraumes ganz viele Bausteinchen ineinander. Bestimmte Schmetterlinge brauchen bestimmte Blütenpflanzen. Werden die Pflanzen, etwa durch Unkrautvernichtungsmittel, ausgerottet, können auch die Schmetterlinge nicht überleben. Einzelne Vogelarten wiederum haben ganz eigene Nistgewohnheiten. Einige, die **Kleiber** etwa, brüten in den Höhlen abgestorbener Bäume. Dort betonieren sie übrigens das Einflugloch so eng zu, daß nur sie noch hineinpassen. Wenn sie keine Baumhöhlen mehr finden, weil tote Bäume abgeholzt werden, fehlen ihnen Nistplätze. Die Bruthöhlen der **Spechte** in den Kiefer- und Eichenwäldern rund um die Heide werden auch von anderen Tieren genutzt: zum Beispiel von **Fledermäusen**. Und die ernähren sich von speziellen Insekten wie Nachtfaltern. Du siehst: Alles hat miteinander zu tun. Wird das empfindliche Gleichgewicht gestört, so hat das weitreichende Folgen.

Fledermäuse als Untermieter

Auch Feuchtgebiete gibt es in der Wahner Heide

Kleiber

Neuntöter

In der Wahner Heide gibt es ganz unterschiedliche Lebensräume für Pflanzen und Tiere: von sehr trocken bis sehr feucht. Das macht die Heide zu etwas ganz Besonderem. Wenn wir hindurchwandern, sehen wir unter anderem **Heidemoore, Magerrasen, Dünen, Trocken- und Feuchtheiden und naturnahe Wälder.** Feinkörniger Sand, der nach der Eiszeit aufgeweht worden ist, hat überall in diesem Gebiet die **Dünen** entstehen lassen. Hier fühlen sich das Silbergras wohl und ganz seltene Pflanzen wie das **Zwerglein** oder die **Quirlinger Knorpelblume.**

In den Senken hingegen haben sich **Heidemoore** und Niedrigmoore entwickelt. Hier findest Du den Rundblättrigen **Sonnentau** oder den Mittleren Sonnentau, den **Moor-Flachbärlapp** oder das **Nadel-Sumpfried.** Der Sonnentau gehört zu den bekanntesten fleischfressenden Pflanzen. Auf ihnen befinden sich Drüsen, die einen Stoff absondern, der wie Tau glitzert. Mücken und kleine Fliegen kleben daran fest und werden verdaut.

Auch die Vogelwelt ist beeindruckend. Typisch für die Heidelandschaft sind **Schwarzkehlchen**, die in großer Zahl hier brüten. Sie fallen durch ihren schwarzen Kopf und ihre rot-braune Brust auf, besonders wenn sie auf einem Ginsterbusch oder auf einer Distelstaude sitzen und ihren rauhen, kratzenden Gesang vortragen. Das Weibchen ist übrigens viel unscheinbarer. Es hält sich aber meist in der Nähe des Männchens auf, deshalb kannst Du es ebenfalls leicht entdecken. Neben dem Schwarzkehlchen ist für die Heide auch die **Heidelerche** bezeichnend. Sie brütet innerhalb des Kölner Raums wahrscheinlich nur noch in der Wahner Heide. Und noch eine Vogelart hat hier einen sicheren Platz: der **Neuntöter.** Er hat einen rotbraunen Rücken, das Männchen eine auffällige schwarze „Maske". Der Neuntöter liebt Hecken und Gebüsche, die mit Dornsträuchern durchsetzt sind. Das „Neun" im Namen bedeutet wohl „viel" (wie in Neunmalklug"). Und das könnte mit seinen Freßgewohnheiten zu tun haben. Der Neuntöter stürzt sich auf seine Beute – neben großen Insekten auch kleine Wirbeltiere wie Mäuse – und wenn er satt ist, spießt er die Beutetiere auf Dornen und notfalls auch Stacheldraht. Außerdem leben in der Wahner Heide unter anderem **Pirol, Baumfalke, Wespenbussard, Rotmilan** und **Habicht**.

Merkwürdige Gewohnheiten hat auch der **Wendehals**. Er baut selbst keine Höhlen, sondern nistet in Bruthöhlen alter Bäume.

Inmitten der Wahner Heide triffst Du überall auch auf Gewässer: Hier brütet die **Bekassine,** die „Himmelsziege", von deren Meckern wir schon gesprochen haben.

Auch Kröten und Frösche fühlen sich wohl

Die **Feuchtgebiete** sind ein wahres Paradies für **Kröten, Frösche** und **Molche**. Hier findest Du auch noch die **Ringelnatter**. In flachen Tümpeln und vor allem in den mit Wasser gefüllten Radspuren der Militärfahrzeuge laichen am liebsten die **Gelbbauchunken**. Überwintern können die Frösche, Unken und Kröten in den Eichenwäldern, wo der Boden recht locker ist. Im Frühjahr wandern diese „Amphibien" (Tiere, die im Wasser und an Land leben können) dann zu ihrem Laichgewässer, wo sie ihre Eier ablegen. Den Sommer verbringen sie dann wieder in

einer anderen Umgebung: Erdkröten und Grasfrösche zum Beispiel am ehesten in höheren, nicht zu trockenen Wiesen, Kreuzkröten auf recht wenig bewachsenem Boden. Molche und Wasserfrösche bleiben den Sommer über im Laichgewässer, wo sie zum Teil sogar überwintern.

Schließlich flattern in der Wahner Heide auch noch viele Arten von **Schmetterlingen** umher. Die bekanntesten: der **Schwalbenschwanz** und, ein Nachtfalter, das **Abendpfauenauge**.

Dieser Reichtum an Pflanzen und Tieren kann aber nur erhalten werden, wenn Spaziergänger auf den Wegen bleiben und auch sonst Rücksicht nehmen.

Extras:

Es gibt viele Punkte, von denen aus wir eine Wanderung durch die Wahner Heide unternehmen können.
Wir sind vom **Bahnhof Troisdorf** aus gegangen: Die
Straße an der Post hoch, in die Cecilienstraße, dann:
Friedensstraße, Am Waldpark, Sebastianusweg, über
den Mauspfad, durch ein Törchen (oder an anderer
Stelle) in die Wahner Heide. Dort spazieren wir
zunächst auf den Telegraphenberg (134 Meter), von
dem wir eine gute Sicht über die Heide haben. Dann
steigen wir hinunter in die feuchteren Gebiete.

An der Altenrather Straße, am Mauspfad und an der
Alten Kölner Straße sind mehrere **Parkplätze**. Ein guter
Ausgangspunkt ist der Parkplatz **Hohe Schanze** bei
Troisdorf-Altenrath (Busendhaltestelle). Man über-
quert die Straße und geht hinunter in das „Hühner-
bruch" mit vielen Pflanzen des Feuchtgebietes.

**Informationszentrum
Wahner Heide**

Unbedingt lohnenswert ist auch ein Besuch des **Informationszentrums Wahner Heide**, Flughafenstraße 33,
Troisdorf-Altenrath (Öffnungszeiten April bis Oktober,
sonntags 11 bis 18 Uhr, weitere Termine auf Anfrage).
Das Büro ist in der Alten Feuerwache in Köln (0221-
739287). Das Informationszentrum in Altenrath mit
einem kleinen Fachwerkhäuschen bietet einen Schau-
garten, der Lebensräume der Wahner Heide darstellt,
und zahlreiche Schautafeln. Das Informationszentrum
veranstaltet seine außerordentlich sachkundigen Führungen durch die Wahner Heide auch für Gruppen aus
Kindergärten, Grundschulen und weiterführenden
Schulen. Die engagierten Naturschützer können zudem
wertvolle Anregungen für Projektwochen geben. Auf
dem Programm des Informationszentrums stehen auch
viele andere Einzelveranstaltungen für Kinder, die spielerisch helfen, die Natur zu verstehen und zu achten.

Zum Kindergarten der Karpfen

Das Fischerdorf Bergheim

Heute verdienen sich die Menschen hier ihren Unterhalt als Fabrikarbeiter, Taxifahrer oder Kindergärtnerinnen. Es ist aber nicht so lange her, da lebten zahlreiche Familien in diesem Teil der heutigen Industriestadt Troisdorf vom Fischfang. Daran erinnert das liebevoll eingerichtete kleine Fischereimuseum im Bereich der Siegmündung, das sich als Ziel oder Ausgangspunkt für Radtouren entlang der Sieg oder für schöne Spaziergänge anbietet. Auf jeden Fall sollten Deine Lehrer oder Eltern zuvor einen Termin vereinbaren, damit Dir ein Mitglied der mehr als 1000 Jahre alten Fischerei-Bruderschaft von den alten Zeiten erzählt. Der Mann – und es ist immer ein Mann, denn Frauen sind aus der Zunft ausgeschlossen – wird Dir auch viel über die Fische erzählen, die es heute wieder in der Sieg gibt. Und über die vielfältigen Möglichkeiten, die-

Der Aalschocker
(großes Boot)

Lachs

Forelle

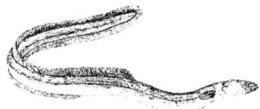

Aal

Karpfen

se Fische zu fangen. Dieser Ausflug ist ein echter Geheimtip.

Unser Führer durch die Geschichte der Bruderschaft und des Ortes heißt Josef Boss. Aber er selbst läßt die Fische in Ruhe. „Ich könnte keinem etwas antun", sagt er. Josef Boss ist in diese Gemeinschaft der Bruderschaft hineingeboren, weil er der Sohn eines Mitglieds war, so wie sein Vater auch. Josef Boss fängt keine, ißt aber gerne Fische, vor allem Rotaugen, die nach einem hier üblichen Spezialrezept zubereitet worden sind: Sie werden erst gebraten, dann in Essig eingelegt.

Boss führt uns zu einem Fenster des Museums, von dem aus wir einen Überblick über einen Teil des Gebietes gaben, für das die Bruderschaft verantwortlich ist: Dort unten sehen wir das Discholz, einen „Altarm", also ein ehemaliges Flußbett, der Sieg. Dort „laichen" Fische, legen ihre Eier ab. Wenn Du später näher herangehst, kannst Du die winzigen Fischkinder zu Tausenden umherschwirren sehen, das Discholz ist ihr Kindergarten. Ein gefährlicher Kindergarten, denn in manchen Jahren machen sich Kormorane über die kleinen Fische her und fressen sie in Massen. Die Natur ist halt nicht immer nett.

Das Discholz ist umkränzt von rauschenden alten Bäumen, etwa Akazien und Weiden. Mitten im Discholz dümpelt ein Aalschocker. Er wurde ausschließlich zum Aalfang im großen Strom, dem Rhein, eingesetzt. Der Schocker hat keinen Motor, weil eine Schiffsschraube das große feingefügte und kostbare Netzwerk im Wasser hätte zerstören können. Deshalb mußte der Schocker immer an den Fischplatz gezogen werden und blieb dort, fest mit mehreren Drahtseilen vertäut, liegen. Der Schocker im Discholz war bis 1964 in Betrieb. Dann lohnte sich der Aalfang nicht mehr. Ein Grund: Die Gewässer waren so schmutzig geworden, daß immer weniger Fische darin leben konnten. Das hat sich übrigens inzwischen wieder geändert: Heute ist die Sieg reich an Hecht und Karpfen, Zander und Barsch, Lachs und Forelle, Schleie und Aal.

Doch Berufsfischer gibt es hier so gut wie gar nicht mehr. Anderswo können die Leute mehr verdienen, und sie müssen dafür körperlich nicht so hart arbeiten. Die Bruderschaft soll aber bestehen bleiben und an die hohe Kunst dieses Handwerkes erinnern.

Warum war die Bruderschaft früher so wichtig? Sie sorgte mit sehr strengen Regeln dafür, daß der Reichtum des Gewässers, der Fisch, gerecht verteilt wurde. In den „Gesetzen" heißt es zum Beispiel: „Die Bruderschaft hat den Zweck, durch Gebet und Übungen der Frömmigkeit Gottes Segen auf die Fischer und den Fischfang herabzuflehen und Letzteren durch feste Regeln und gemeinsame Ausübung zu einem ordnungsmäßigen, friedfertigen und ertragreichen zu machen und in der althergebrachten Weise zu erhalten." Gefischt wurde nur an bestimmten Tagen. Man sprach von „Geding". „Derjenige Fischer, der den gedinglichen Tagen beiwohnen will, muß anständig gekleidet sein. Das Geding beginnt mit Gebet und endigt mit Gebet; während dieser Zeit ist das Rauchen verboten." Wer an einem solchen Tag krank war und das rechtzeitig gesagt hatte, bekam im übrigen den gleichen Anteil des Fangs wie jeder, der mitgefischt hatte. Und wenn ein Fischer ertrank, sorgte die Bruderschaft für seine Frau und seine Kinder. Wer aber die Regeln verletzte oder frech gegen einen Brudermeister wurde, mußte Strafe zahlen. Bis heute halten die Mitglieder der Bruderschaft ein Leben lang feste zusammen. Einer ist für den anderen da. Das ist doch etwas Schönes.

Sie halten ein Leben lang zusammen

Wie die Leute in Bergheim früher wohnten

Auch das Zusammenleben im Dorf war ganz genau geregelt. In einer „Nachbarordnung", etwa aus dem Jahre 1577, wurde festgelegt, wie die gemeinsame Weide genutzt werden durfte. Die Rinder, Schafe und Schweine hütete der Gemeindehirt, der „Hirtenschütz". Seinen Lohn bekam er zur Schlachtzeit und im Herbst nach der Ernte. Die Höfe, die vom 13. Jahrhundert an gebaut wurden (vorher gab es nur drei Adelsgüter), bestanden aus Wohnhaus, Stall und Scheune. Sie waren von einer Mauer oder Hecke umgeben. Zudem schloß sich um das ganze Dorf ein Schutzwall aus Mauerwerk, Holzzäunen und Dornengesträuch. Man

Der Bau eines Fachwerkhauses

Das Geflecht wurde mit Lehm beworfen

nannte ihn „Frotthecke". Er sollte Schutz vor Fremden bieten, die nur durch Tore oder Schranken eintreten konnten. Der Dorfzaun sollte aber auch das Weidevieh von den Gärten fernhalten. Denn gleich hinter den Häusern erstreckten sich die Hausgärten für die Küche und viele Weingärten. Die größeren Felder lagen außerhalb der Frotthecke. Auf ihnen wuchsen Getreide, Rüben, Klee, später auch Kartoffeln.

Die Hofgebäude bestanden aus **Fachwerk**. Die Häuser wurden meist von den Bauern selbst gebaut. Ein Zimmermann leitete die Arbeit. Auf ein einfaches Fundament, das aus unbehauenen Steinblöcken bestand, wurde ein kräftiger Rahmen aus Balken aufgelegt, die Hausschwelle. In vier Ecken richteten die Männer je einen mächtigen Balken auf (Außenständer). Dazwischen wurden Innenständer aufgestellt, die mit den Deckenbalken verbunden wurden. Das Dach wurde mit Stroh gedeckt. Um das Balkengerippe fester zu machen, wurden weitere Hölzer in die Wände gezogen. Sie teilten die Hauwände in Vierecke und Dreiecke, die nun aufgefüllt werden mußten. Diese Lücken (Gefache) wurden mit einem Geflecht aus kräftigen Eichenstöcken und Zweigen überzogen. Dieses Geflecht bewarfen die Leute mit Lehm. Dieser war vorher mit gehäckseltem Stroh vermischt worden, den die Leute mit den Füßen zu einer breiigen Masse durchgeknetet hatten. Die Oberfläche wurde schließlich glattgestrichen und mit Kalk weiß getüncht. Die Balken bemalten die Dorfbewohner mit schwarzer Farbe, um das Holz zu schützen. Und so sind die Fachwerkhäuser so hübsch schwarz-weiß.

Der wichtigste Raum war die Küche mit ihren Steinplatten. Hier wurde über dem Feuer des offenen Kamins gekocht. Der Kamin beheizte auch die hinter der Küche liegende „gute Stube". In der Wohnstube gab es nur ein paar bescheidene Möbel: einen Tisch, Stühle, eine Holzbank, die Truhe, vielleicht noch ein Eckschränkchen. Die Kleider wurden an Haken aufgehängt. Auf der anderen Seite der Küche lagen noch die Kammern, die Schlafzimmer. Das waren höchsten zwei, egal, wie viele Kinder die Familie hatte. Oft verfügtem die Häuser noch über ein Obergeschoß. So lebten die Menschen damals in Troisdorf-Bergheim. Alle waren Bauern. Manche aber waren Bauern und Fischer (nach: Heinrich Brodeßer: Die Fischerei-Bruderschaft zu Bergheim an der Sieg, Hrsg. Von der Fischereibruderschaft Troisdorf-Bergheim, Januar 1987)

Der wichtigste Raum war die Küche

Pause in der Nähe des Fischereimuseums

(Hinweis: Wie die Menschen früher lebten, zeigt auch das **Heimatmuseum Beuel**.)

Im **Fischereimuseum** ausgestellt sind allerlei Geräte, mit denen die Bergheimer Fischer arbeiteten. Zu sehen sind außerdem Karten, Dokumente, Modelle – und Fische, allerdings keine lebenden.

⇨ Seite 143

Der Besuch im Fischereimuseum läßt sich mit einer **Radtour** verbinden. Sie beginnt beispielsweise am **Bahnhof Troisdorf-Hütte** und führt immer entweder auf dem Deich oder daneben Richtung Bergheim beziehungsweise Siegmündung. Wir kommen vorbei an dem **Gyssel**, einem Altarm der Sieg, der inmitten eines kleinen Wäldchens liegt. Wir gehen nicht näher heran, weil dort Vögel brüten, die nicht gestört werden wollen. Früher gab es hier üppige Schwimmblattpflanzen und Röhricht. Geblieben ist etwas Schilf. In einem Seitenarm des Gyssel, der austrocknet, hält sich auf dem feuchten Boden jedoch die Wasserkresse. Du kannst auch noch ein paar Kalmus-Pflanzen entdecken. Kalmus ist eine Heilpflanze. Sie hilft bei Magen- und Darmstörungen. Der Kalmus blüht von Juni bis Juli. Der Gyssel liegt in einem **Auenwald** mit Weiden, Eschen und Pappeln. Was ein Auenwald ist, weißt Du? In ihm leben Pflanzen, die mit regelmäßigen Überflutungen (Hochwasser) fertigwerden müssen. Hochwasser ist im Bereich der Siegmündung häufig. An den Weiden rankt sich Wild-Hopfen, eine typische Auenpflanze, empor. Allerdings siehst Du überall auch eine Pflanze, die eigentlich überhaupt nicht in diese Landschaft gehört: das „drüsige", meist rosa, manchmal auch weiß blühende **„Springkraut",** das wegen seiner Herkunft auch „indisches Springkraut" heißt.

Hinter Bergheim und gleich hinter dem Fischereimuseum erreichen wir **Mondorf** mit einem hübschen Yachthafen und dem Kemper Werth. Der Kemper Werth, früher eine frei im Wasser liegende Insel, später mit dem Land verbunden, erstreckt sich gleich gegenüber dem Mondorfer Fährhafen. Die Halbinsel trennt die Sieg vom Rhein. Beide Flüsse fließen hier, im Mündungsgebiet, etwa einen Kilometer lang nebeneinander her. Auf dem Kemper Werth kann man wunderschön spazierengehen. Über Dir rauscht beständig der Wind hoch droben in den Pappeln. Früher erstreckte sich hier ein Auenwald. Der wurde aber abgeholzt, weil die Menschen Brennholz brauchten. Pappeln wurden stattdessen nachgepflanzt, weil sie schnell wachsen. Und aus deren Holz schnitzten die Leute in schlechten Zeiten Holzschuhe. Zurück können wir auf der anderen Seite der Sieg fahren (im Fischereimuseum fragen). Die Strecke mit dem Rad zieht sich hin, Du solltest zwei gute Stunden reine Fahrzeit mindestens hin und zurück einplanen. Wer es gemütlich mag, packt Räder aufs Auto und fährt bis zum Parkplatz Fähre Mondorf. Von dort aus läßt es sich hübsch kreuz und quer radeln.

Hoch oben rausch der Wind in den Pappeln

Was es sonst noch gibt in Troisdorf

Hallenbad Pingiunbad, Adonisweg 1, Tel. 0 22 41- 7 80 46 mit großem Becken, eingeteilt in Schwimmer und Nichtschwimmer, dienstags Warmwassertag (29 Grad), donnerstags Spieltag mit langer Spiel-schwimm-Matte. Öffnungszeiten montags 13 bis 16 Uhr, dienstags 7 bis 13.30 Uhr, 15 bis 20 Uhr, mittwochs 15 bis 20 Uhr, donnerstags Spielenachmittag (!) 15 bis 17 Uhr, freitags 15 bis 21 Uhr, samstags 8 bis 13 Uhr, sonntags 8 bis 12 Uhr. Eintritt Kinder 2 Mark, Erwach-sene 3 Mark, am Warmwassertag 3 Mark/4 Mark.

Die Troisdorfer Hallenbäder werden Ende 1998 ge-schlossen. Denn am Aggerfreibad entsteht für 30 Mil-lionen Mark das neue Spaßbad „Aggua Troisdorf". Es soll im Februar 1999 eröffnet werden und im Innen-bereich 1000 Quadratmeter Wasserfläche haben, im Außenbereich 1200 Quadratmeter.

Freizeitpark hinter Haus Rott, Kriegsdorfer Straße, Sieglar.

Hier können Kinder auf dem Spielplatz matschen, wip-pen, schaukeln, Seilbahn fahren, rutschen und mit einem Floß über einen kleinen Teich fahren. Viele Wasserspiele. Außerdem gibt es eine tolle Rundbahn für Inline-Skater. Auf dem Gelände kann man auch Drachen steigen lassen oder im Winter Schlitten fah-ren.

Rotter See

Tips von Schülern

Der Rotter See grenzt an ein neues Wohngebiet. Man kann dort schwimmen, surfen, und Schlauchboot fah-ren, spazierengehen und Enten füttern.

Eine Wanderung von der Siegfähre aus beschreiben Schüler der Gesamtschule Oberlar, die in einem Projekt auch die oben genannten Tips gesammelt haben:

„Man kann mit der Buslinie 551 die Siegfähre errei-chen. Die Fähre ist bei gutem Wetter von 10 bis ca. 20 Uhr befahrbar. Direkt an der Sieg liegt die Gaststätte „Zur Siegfähre". Viele Stühle und Tische stehen unter einem großen Kastanienbaum. Aber auch das Gasthaus selbst bietet Platz an regnerischen Tagen. Bei der Sieg-fähre kann man Enten, manchmal auch Schwäne füt-tern. Bänke laden zum Ausruhen ein. Ein Wanderweg entlang der Pappelallee führt über den Deich auf den Ortsrand von Müllekoven zu. Rechts neben dem Weg sieht man auf einen Altarm der Sieg. Vor den ersten Häusern des Dorfes biegt man rechts ab. Dort sieht man eine Tafel, die über Vögel informiert, die in der Nähe leben. Nach wenigen Metern kommt man an einen schattigen Spielplatz mit Klettergerüst, Wippe, Rutsche, Schaukel und jede Menge Sand. Entlang der Wege gibt es Erdbeer- und Kartoffelfelder. Nach ungefähr 300 Metern biegt man rechts ab. So gelangt man durch Wiesen mit Kühen und Pferden wieder zur Sieg. Bei mittlerem und niedrigem Wasserstand entstehen in den Biegungen des Flusses Sand- und Geröllbänke. Hier kann man bei sommerlichem Wetter sonnenbaden, planschen, Steine titschen lassen oder sogar Tiere beobachten. Zwischen den Steinen leben zum Beispiel viele Spinnen und Ameisen. Am anderen Ufer ist ein Hubschrauberlandeplatz. Man geht weiter und kommt an den Sieglarer See. Dort gibt es viele Fische und sogar Graureiher. Auch Eisvögel sind in diesem Naturschutzgebiet beobachtet worden. Dicht am Ufer führt ein schmaler Pfad um den See herum. Von hier aus kann man den Deich überqueren und ist nach 1,5 Kilometern am Sieglarer Marktplatz. Die Fähre kostet für Kinder 30 Pfennige, für Erwachsene 50 Pfennige, Kinderwagen 50 Pfennige, Fahrrad ebenfalls. Die Wanderung erstreckt sich über etwa 5,8 Kilometer und dauert etwa 2,5 Stunden.

Troisdorf hat auch einen eigenen **Radfahrerstadtplan** (Stadt Troisdorf, Am Schirmhof, 5210 Troisdorf, Tel. 0 22 41-4 82-3 43.

Überall stößt man in Troisdorf auch auf Kunst im Straßenbild. Ulkig ist der „Dicke Mann" von Prof. Henning Seemann.

Blick auf die Abtei Michaelsberg

4. Erlebnis Siegburg

Eine Insel der Stille

Die Abtei Michaelsberg

„Und das da oben ist die Siegburg", sagen die Leute, wenn sie von weitem die wuchtige Anlage mit dem mächtigen Kirchturm erblicken, die 40 Meter über der Stadt auf dem Vulkanberg thront. Nur wenige wissen, daß es sich bei dem Siegburger Wahrzeichen nicht um eine Burg, sondern um eine Abtei, also ein Kloster handelt, in dem Mönche schon seit mehr als 900 Jahren arbeiten und beten, wie es der Regel des heiligen Benedikt entspricht. Benedikt wurde ungefähr – so genau weiß man das nicht – im Jahre 480 in Mittelitalien geboren. Und bis heute, bis zum Jahr 1998, richten sich die Mönche nach seinen Anleitungen. Sie leben in ihrer Gemeinschaft zusammen wie eine Familie, in der einer für den anderen da ist. Heute sind in der Abtei nur noch 15 Männer zuhause, früher waren es bis zu 120.

Ihr Alltag unterscheidet sich sehr von Deinem. Die Mönche werden geweckt, wenn Du Dich noch einmal im Bett herumdrehst: um 20 nach fünf Uhr in der Frühe. Um 5.45 Uhr beginnt das Morgengebet in der Kirche. Nach dem „Morgenlob" frühstücken die Mönche, anschließend müssen sie ihr Zimmer aufräumen und putzen. Es gab einmal eine Zeit, da hatten die frommen Männer Diener, aber das wurde abgeschafft, weil der heilige Benedikt es bestimmt nicht gut gefunden hätte, daß seine Nachfolger sich bedienen lassen. Von 7.30 Uhr bis 8 Uhr ziehen sich die Mönche zurück, lesen, denken darüber nach, was Gott von ihnen will, beten. Bis zum Mittag haben sie dann gut zu tun: Sie arbeiten im Garten oder in der klostereigenen Buch- und Kunsthandlung. Sie schreiben Bücher und kümmern sich um das Jugendgästehaus, in dem auch Schulklassen willkommen sind. Sie brauen den berühmten Likör und sorgen dafür, daß in ihren Abteistuben, dem Restaurant,

Früher hatten die Mönche Diener

und ihrem Hotel alles gut läuft. Wenn die Mönche
nämlich nur beten würden, könnten sie ihre Rechnun-
gen nicht bezahlen. Aber auch ein Kloster muß beheizt
werden, und auch Mönche müssen essen. Ein großer
Teil der Kloster-Einnahmen kommt aus der Vermietung
eines Gebäudeteiles an das Kölner Erzbistum. Das un-
terhält dort ein Exerzitienhaus, eine Ruhe-Insel, auf der
auch andere Menschen als die Mönche einmal in Ruhe
über Gott und die Welt nachdenken können.

Auch Mönche müssen essen

Um 12.15 Uhr treffen sich die „Brüder" erneut zum Gebet, bevor sie gemeinsam das Mittagessen einnehmen.
Dabei wird nach einer Regel des heiligen Benedikt
vorgelesen, zum Beispiel aus einem Buch, das sich mit
Politik oder Geschichte befaßt. So bekommt während
der Mahlzeit auch der Kopf seine Nahrung. In der Mit-
tagspause gehen die Mönche im Garten oder im Kreuz-
gang des Klosters spazieren. Wer schon älter ist, darf
sich ein bißchen aufs Bett legen. Denn der Tag ist noch
lang und voller Arbeit. Um 17.15 Uhr wird eine Heilige
Messe gefeiert, zwei Stunden später folgt die Abend-
andacht und um 20.45 Uhr die letzte Zusammenkunft
zum Ausklang des Tages. Danach ist Ruhe – also etwa
dann, wenn Du auch schlafen mußt.

Im übrigen haben auch die Mönche einen Fernseher –
aber viel Zeit verbringen sie nicht vor dem Bildschirm.
Sie haben Besseres zu tun. Zur selbstverständlichen
Ausstattung gehören mittlerweile Computer. Darauf
schreibt Abt Placidus, der Kloster-Vorsteher, seine
Predigten, und seine Brüder brauchen den PC, um die
Finanzen zu verwalten. Abt Placidus hat, nebenbei
bemerkt, auch ein ganz weltliches Interesse, das ihn
manchmal an den Fernseher fesselt: Er ist ein Fan des
1. FC Köln. Vor gut 35 Jahren zitterte er auch mit der
Siegburger Fußballmannschaft: „Die spielte damals um
den Einzug in die 2. Liga", erinnert er sich.

Abt Placidus

Gerne führt Abt Placidus durch die Klosteranlage – der
innere Privat-Bereich, in dem er mit seinen Brüdern
lebt, bleibt Besuchern allerdings verschlossen. Du wür-
dest Dein Zimmer ja auch nicht gerne irgendwelchen
Fremden zeigen. Einblicke ins Klosterleben bekommt

man jedoch mit Hilfe eines Videofilms, der vor kurzem gedreht wurde. Er wird den Gästen auf einem extragroßem Fernseh-Bildschirm gezeigt (und kann in der Buchhandlung gekauft werden). In ihm sieht man, was Außenstehenden sonst verborgen bleibt: Du darfst den Mönchen beim Gebet und der Arbeit zuschauen und sogar in ihre Zimmer blicken, die nicht gerade luxuriös, aber sehr behaglich eingerichtet sind.

Fenster glühen wie Feuer

Selbst besichtigen kannst Du die Kirche, in der Dir gewiß vor allem die großen bunten Fenster gefallen. Deren Farben glühen wie Feuer. Im unteren Bereich herrscht ein sattes Rot vor, im oberen Bereich wird das Blau immer intensiver. Die insgesamt sieben Fenster stammen aus der Nachkriegszeit. Sie zeigen unter anderem Szenen aus dem Leben Jesu. Dargestellt sind auch Heilige, die etwas mit den Benediktinern oder der Siegburger Abtei zu tun haben. Wir sehen außerdem Bilder der Propheten Jesaja, Jeremia, Ezechiel und Daniel sowie der Evangelisten Matthäus, Markus, Lukas und Johannes.

Hart gegen Feinde, freundlich zu den Armen

Wenn Du Dir dabei helfen läßt, entdeckst Du auch Bilder aus dem Leben des Kölner Erzbischofs Anno II., der die Abtei 1064 gegründet hatte. „Anno war eine schwierige Persönlichkeit", schreibt Abt Placidus in seinem Büchlein „Abtei Michaelsberg Siegburg". Er bescheinigt dem Erzbischof „Härte gegenüber den Feinden, Milde gegen die Armen und Notleidenden, Machtbewußtsein für das Reich und Gläubigkeit, die zur Errichtung von Abteien und Stiften führte". Der Erzbischof war nicht nur ein sehr hoher Kirchenfürst und damit zuständig für Glaubensfragen, sondern beherrschte die Stadt Köln. Er hatte Rechte, die zuvor nur dem Kaiser zugestanden worden waren. So durfte er etwa Gericht halten und Zölle erheben. Diese Machtfülle ärgerte die Kaufleute und Händler, die immer reicher wurden, sonst aber nichts zu sagen hatten. Sie lehnten sich 1074 gegen den Stadtherrn und Erzbischof Anno auf – und der floh durch einen unterirdischen Gang. Er konnte den Aufstand mit seinen Soldaten niederschlagen, aber seither gab es immer wieder Streit zwischen Bürgern und Bischöfen.

Umso wohler fühlte sich Anno in seinem Siegburger Lieblingskloster. Immer wieder besuchte er die Mönche – und in ihrem Kreis war er ganz anders, als viele ihn kannten: Er bediente die Mönche sogar wie ein Kellner bei den Mahlzeiten. Hier, in der Abtei, wollte er nach seinem Tod auch begraben werden. Er starb 1075 – und nun würdigten ihn auch jene Kölner, die ihn zu Lebzeiten nicht so mochten. Annos Leichnam wurde in einem regelrechten Triumphzug vom Kölner Dom durch mehrere Kölner Kirchen getragen. Schließlich brachte man ihn auf ein Boot, das zur anderen Rheinseite, zur Benediktinerabtei St. Heribert, übersetzte.

Von dort wurde er, begleitet von vielen Menschen, nach Siegburg geleitet und in der Abteikirche beigesetzt. Seit 1183 ruhen seine Gebeine in einem Schrein, einem kostbaren Sarg, den Nikolaus von Verdun geschaffen hat. Aus seiner Goldschmiedewerkstatt stammt auch der Schrein im Kölner Dom, der die sterblichen Überreste der Heiligen Drei Könige enthalten soll.

Die Krypta der Abteikirche

Besonders wertvoll an dem Schrein in der Siegburger Abteikirche ist der Emailleschmuck, der nach einem Verfahren gearbeitet wurde, das es nur in dieser Zeit in solcher Vollendung gab: dem Grubenschmelz. Während sonst die Farben eines Musters mit Metallstegen voneinander getrennt werden, damit sie nicht ineinanderlaufen, wurden sie beim Grubenschmelz ohne solche „Dämme" einfach so nebeneinander in eine Kuhle gegeben. Und es hat funktioniert.

Warum? „Das weiß keiner so genau", sagt Abt Placidus. Die in schwerem Silber getriebenen Platten, die einst die Seiten des Schreins bedeckten, sind allerdings verschwunden und zum Teil wohl gestohlen worden, wie so viele Teile des Siegburger Kirchenschatzes.

Das geschah, als das linke Rheinufer des Deutschen Reiches französisch geworden war und die Fürsten, die dort Gebiete verloren hatten, aus dem umfangreichen Besitz der Bischöfe und Äbte entschädigt wurden. Ein Ausschuß des Reichstages, die „Reichsdeputation", wurde damit beauftragt, die neuen Grenzen festzulegen. Die entscheidende Stimme hatte Frankreich. Alle geistlichen Herrschaftsgebiete gingen in den Besitz weltlicher Fürsten über. Sie wurden im Jahre 1803 „säkularisiert". In den Wirren dieser Zeit wurden Klöster unter anderem zu Militärgefängnissen umgewandelt oder sogar als Steinbrüche für andere Gebäude freigegeben. 1803 hob der Reichsdeputationsausschuß auch das Siegburger Kloster auf, dessen Ausstattung wurde versteigert. Sie kam, wie man so sagt, „unter den Hammer". Damals sind viele Schätze verlorengegangen, die uns etwas über die alten Zeiten erzählen könnten.

Kaserne, Schule und Krankenhaus

Die Gebäude der Abtei dienten dann als Kaserne, Lateinschule, Irrenanstalt (heute spricht man von Krankenhäusern für Menschen, deren Geist und Seele Pflege brauchen) und als Zuchthaus, hundert Jahre lang, bis 1914. Dann zogen wieder Mönche ein. 1941 schlossen die Nationalsozialisten das Kloster, 1944 wurde es beim schwersten Bombenangriff auf Siegburg weitgehend zerstört. Erst 1965 war der Wiederaufbau abgeschlossen. Schau Dir mal die Decke an. Du siehst viele Rechtecke, die in zartem Blau ausgemalt sind. Sie wirken wie Kacheln, und jedes Muster ist anders. Der Künstler hatte offenbar viel Phantasie.

Bis heute muß an den Gebäuden der Abtei ständig etwas ausgebessert werden. Auch das Dach soll erneuert werden. Unverändert gleich ist nur eins geblieben: Mönche, auf der Suche nach Gott, leben hier oben, über den Dächern von Siegburg, beten und arbeiten in aller Stille wie seit Hunderten von Jahren, umgeben von alten Bäumen, etwa Akazien, Kastanien, Buchen und Nadelhölzern, hinter denen die Abtei fast verschwindet.

In Anbetracht solcher Zeiträume kommt uns eine schlechte Klassenarbeit doch vor wie ein Tropfen in der Sieg, oder?

Extras:

Rallye (Fragen bitte für die Kinder abschreiben und Antworten weglassen!)

1. Schlauberger können bestimmt bei einem Besuch der Abtei erfragen, welche Vögel diese Naturinsel Michaelsberg bevölkern (Lösung: zum Beispiel Amseln, Stare, Finken, Zaunkönig, Bussard, Falken).

2. Welche Bäume erkennst Du rund um die Abtei? (Lösung: Unter anderem Akazien, Buchen, Kastanien)

3. Vom Klosterhof hast Du eine gute Sicht ins Umland. Wo wohnst Du? Siehst Du den Kölner Dom?

4. Kannst Du ein Muster in der Decke der Abteikirche nachmalen?

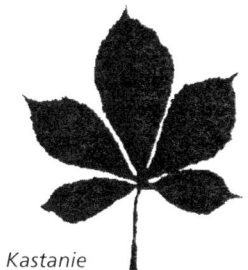

Kastanie

5. Findest Du auf den prächtigen Fenstern der Abteikirche die Darstellung des Heiligen Benedikt?

6. Entdeckst Du das Fenster, auf dem dargestellt wird, welche Geschichten sich um die Gründung der Abtei ranken? Erzbischof Anno soll durch zwei Visionen (Erscheinungen) angeregt worden sein, das Kloster zu schaffen:

Buche

Die Bürger von Stieldorf (Königswinter), heißt es, hätten über dem Siegberg ein großes Kreuz gesehen. Und zwei Pilger aus Griechenland, unterwegs zu heiligen Stätten, wollen von Bonn aus eine Leiter auf dem Berg erblickt haben, über die weiße Lämmer in den Himmel kletterten.

Basteln

Versuch doch mal, ein Fensterbild zu schaffen. Den Rahmen und die Sprossen schneidest Du aus schwarzem Zeichenkarton aus, den Du mit Transparentpapier hinterklebst.

Akazie

Krämer und Gaukler

Der mittelalterliche Weihnachtsmarkt

Der Herold, ein Mann mit Bart und Bauch, Samtkäppi und einem langen Gewand, wie man es im Mittelalter trug, verkündet laut: „Jedweder Bürger, Mannsbilder und Weibspersonen gleich welchen Standes sollten Zugang haben zum Markt. Das Volk von Siegburg wird eingeladen, dort zu verweilen, feine Geschenke und allerley Handwerkskunst zu erwerben, vom heißen Wein zu kosten oder frisch zubereitete Speisen zu verzehren sowie den Vorführungen von Handwerkern, Musici, Gauklern und anderen Fahrenden zuzuschauen. So lasset Euch nun entführen in eine längst vergangene Zeit."

Mit diesen fremd klingenden Worten eröffnet der Herold alljährlich den mittelalterlichen Markt in Siegburg. Der Herold teilte den Menschen früher die Neuigkeiten mit. Denn Zeitungen gab es im Mittelalter noch nicht. Auf den Beginn dieses ungewöhnlichen Weihnachtsmarktes freuen sich schon seit einigen Jahren nicht nur Siegburger Kinder und ihre Eltern, sondern

Der Schmied auf dem mittelalterlichen Weihnachtsmarkt

auch kleine und große Menschen aus der weiteren Umgebung. Lustig geht es da zu, lehrreich auf unterhaltsame Weise und manchmal auch recht derb. Die Atmosphäre ist zauberhaft, vor allem nach Anbruch der Dunkelheit, wenn Fackeln, Kerzen und Öllampen das Markttreiben in ein geheimnisvolles Licht tauchen.

Lustig, lehrreich und derb ...

Der „Fahrend Hauffen", also die reisende Truppe, die diesen Markt veranstaltet, nennt sich „Kramer, Zunft und Kurtzweyl". Zu ihr gehören mehr als 100 Händler, Handwerker und Spielleute, deren Liebhaberei es ist zu erforschen und anschaulich zu machen, wie die Menschen im Mittelalter (vom 12. bis 16. Jahrhundert) gelebt haben. Außerdem wollen sie dafür sorgen, daß die Musik und das Handwerk aus dieser Zeit nicht vergessen werden. Die Mitglieder der Gruppe wohnen allerdings nicht alle zusammen auf einer Burg, sondern verstreut im ganzen Land. Außerhalb der Weihnachtszeit gehen sie ganz unterschiedlichen Berufen nach. Sie arbeiten als Handwerksmeister oder Musiker, als Köchin oder orientalischer Märchenerzähler. Immer wieder aber treffen sie sich während des Jahres, um die typische Marktsprache, Tänzer und Lieder oder verschiedene Rollen einzustudieren, um Gewänder nach alten Vorlagen zu schneidern oder ihre Marktstände zu verschönern. Die Anregungen dafür holen sie sich aus ihrer eigenen großen Bibliothek, oder sie fragen Fachleute an den Universitäten um Rat.

Und dann, vom zweiten bis zum vierten Advent-Wochenende, sind sie alle wieder in Siegburg, jener Stadt, die 1064 von Erzbischof Anno mit der Benediktiner-Abtei auf dem Berg gegründet worden ist. In dieser Stadt finden sich noch viele Erinnerungen an das Mittelalter. Im Stadtmuseum steht zum Beispiel ein Pranger aus dem 15. Jahrhundert. An den Pranger gestellt wurden früher Leute, die sich danebenbenommen hatten. Jeder konnte die Übeltäter sehen, mit Fingern auf sie zeigen, sie beschimpfen.

Wer sich schlecht benahm, kam an den Pranger

Der Weihnachtsmarkt spiegelt Schrecken und Elend, aber auch die Freuden des Mittelalters wider. Schau Dich einmal um: Der Imker bietet Honig und Met (Honig-

**Gaukler, Musiker
und Krämer**

wein) feil, der Quacksalber (eine Art Apotheker) mischt Kräutlein und Tinkturen gegen allerlei Wehwehchen, Garbräter bruzzeln für Hungrige einen Batzen Fleisch, fragen artig „Wollt Ihr speisen?" und wünschen „Laßt es Euch wohl munden!". Fein mundet auch der Reisfraß, der, um Müll zu vermeiden, in Kohlblättern serviert wird. Die Fladenbrotbäckerin bereitet Brot nach alten Rezepten, und Ali Ben Juffi, der Muselmane aus fernen Ländern, preist die wundersame Wirkung der „Rose von Jericho" an. Das ist eine Pflanze, die aussieht wie ein kratziges Knäuel aus vertrocknetem Farn. Doch sie lebt auf und entfaltet sich grünend, wenn sie in Wasser liegt. Es macht Spaß, das zu beobachten. Diese „Rose von Jericho", der allerlei Wunderwirkung zugesprochen wird, ist ein hübsches Geschenk, etwa für den Papa, der schon alles hat. Vorsicht geboten ist im übrigen am Stand der Edelsteinmagierin (eine Magierin ist eine Zauberfrau). Denn die „heylenden", also heilenden Steine sind zum Teil recht wertvoll. Und wer sie fallen läßt, kriegt Ärger. Du kannst zum Beispiel wunderschönen Bergkristall glitzern sehen, den „Stein des Lichtes, ewig gefrorenes Eis". Vielleicht magst Du etwas Taschengeld für einen der kleinen Steine ausgeben, die nur die Größe eines Tropfens haben. Wenn Du sie sammelst, hast Du bald einen wunderschönen kleinen Schatz.

**Duft von Ingwer, Muskat,
Pfeffer und anderen
„Spezereien"**

Wenige Schritte weiter, da, wo die Bettlerin in ihren Lumpen kauert und „Habt Erbarmen" fleht, siehst Du den Löffelschnitzer bei der Arbeit. Nebenan fertigt der Riemenschneider Gürtel. Und sieh mal, dort werden aus mühsam gesammelten und über Jahre getrockneten Ästen Knöpfe angefertigt. Du kannst auch Korbflechtern zugucken, der Wollspinnerin, dem Seiler, der armdicke Taue und fingerdünne Seile dreht, dem Tonflötenbauer und dem Kerzenzieher. Dem Steinmetz und dem Schmied, dem Drechsler und dem Filzer, der spitze Hüte und „wärmende Wämslein" aus Wolle zaubert. Und am Stand mit den Gewürzen mußt Du tief den Duft von Ingwer, Muskat, Pfeffer und anderen „Spezereien" aus fremden Ländern einatmen. Schnuppere auch einmal an dem Holz von der Zeder. Das vertreibt nicht nur die Motten, sondern riecht zudem lecker.

Fröhlich ist die Stimmung auf dem Markt. Kinder lachen, Erwachsene zählen ihre Silberlinge (so heißt das Geld hier), die Kramer schmeicheln den Frauen und sagen „Holde, laßt es Euch gut ergehen". Aber was ist das? Plötzlich macht ein Gerücht die Runde. Die Menschen tuscheln zwei Worte: DIE PEST. Ratschen, ohrenbetäubend schnarrende Holzinstrumente, kündigen das Nahen der Doctores, der Ärzte, an. Schwarz vermummt, mit Schnabelmasken, Fackeln und Weihrauch ziehen sie über den Markt, durch die Stadt, um die Kranken vor die Tore zu schleppen. Sie beschwören die Marktbesucher: „Tut Buße, tut alle Buße!" Denn damals, im Mittelalter, glaubten die Menschen, Krankheit sei eine Strafe Gottes. Und die Pest, der „Schwarze Tod" genannt, war eine ganz fürchterliche Krankheit. An ihr starben viele Tausende, ganze Familien, in Siegburg und überall in Deutschland.

Leckere Kastanien

Kaufleute brachten die Pest mit ihren Schiffen über das Schwarze Meer (Rußland) und das Mittelmeer – schau mal im Atlas, wo die Meere liegen – nach Europa. Auf den Schiffen, zwischen den Kornsäcken und Strohballen, versteckten sich Ratten. In deren Fell hockten Flöhe, die den Krankheitserreger der Pest mit sich trugen. Wenn solche Flöhe auf Menschen sprangen, den Bazillus huckepack, steckten sich die Menschen an und gaben die Krankheit schnell an andere weiter. Oft starben sie schon innerhalb weniger Tage.

Ratten brachten die Pest

In der Stadt war die Ansteckungsgefahr besonders groß. Denn die Menschen wohnten dicht beieinander, und die Straßen erstickten im Dreck. Mäuse und Ratten schwirrten überall umher. Auch das Trinkwasser war unsauber, weil die Brunnen gleich neben den Kloakengruben lagen. In diesen Gruben stank, was heute in den Toiletten und Abwasserrohren unter der Erde verschwindet.

Gegen die Pest wußte man kein Mittel. Aber das ist lange her. Heute leben die Menschen viel gesünder. Und deshalb werden Dich die schaurigen Pestdoctores nicht wirklich erschrecken können, wenn Du den Siegburger Weihnachtsmarkt besuchst. Eher lustig als schrecklich

Heute leben die Menschen gesünder

**Der Marktvogt
bestraft Diebe
und anderes Gesindel**

ist auch das gestrenge Marktgericht, das mittags zusammentritt. Dann hört sich der Marktvogt die Klagen der Bürger an. Er bestraft Diebe und anderes Gesindel, das „wider die Ordo hätte gehandelt", also gegen die Ordnung verstoßen hat. Da wird zum Beispiel der Spielmann angeklagt, den „man Holzwurm nennet". Warum? Weil er, statt schon in aller Früh fleißig Musik zu machen, „zu spät seinem Strohlager entspringet". Und wenn er schnarcht, hört sich das halt an wie eine Säge oder ein Bohrer, der sich, dem Wurm gleich, ins Holz frißt. Zur Strafe muß der Faulpelz eine weiße Schlafmütze aufsetzen, damit jeder ihn auslacht. Peinlich. Nun, wenigstens blieb ihm der Pranger erspart.

Von nun an wird der Spielmann gewiß fleißig den Dudelsack blasen. Immer wieder ziehen auf dem Marktplatz Spielleute und Gaukler die Aufmerksamkeit der Besucher auf sich. Flöten, Gemshörner, Fanfaren, Harfen und Trommel erklingen, wilde Gesellen jonglieren mit Keulen und Fackeln, speien Feuer, tanzen. Theater wird gespielt, der Märchenerzähler erzählt die Geschichte von Schneewittchen einmal ganz anders und so komisch, daß sich alle den Bauch halten vor Lachen.

**Schneewittchen
einmal anders**

Da war schon was los, früher auf den mittelalterlichen Märkten. In Siegburg bekommst Du eine Ahnung davon. Hättest Du lieber damals als heute leben wollen? Na, ich weiß nicht.

Der mittelalterliche Weihnachtsmarkt findet zwischen dem zweiten und vierten Advent statt, in der Regel von 11 bis 20 Uhr (Information bei der Touristen-Information unter der Tel.-Nr. 0 22 41-1 02-3 83). An den Wochenenden kann es voll werden. Kinderwagen zuhause lassen, die Kleinsten sind in Tuch oder Rückentrage besser aufgehoben.

Anfahrt:

Mit öffentlichen Verkehrsmitteln (Parkraum ist knapp): Aus Köln zum Beispiel mit der S-Bahn S12 (Richtung Au/Sieg) bis Siegburg, von da sind es nur wenige Minuten bis zum Markt (gegenüber dem Bahnhof geradeaus in die Fußgängerzone).

Freizeitbad Oktopus

Spaß im Naß

Das Freizeitbad Oktopus

⇨ Seite 145

Um einen erholsamen Sommerurlaub zu verbringen, kannst Du mit Deinen Eltern in ferne Länder fliegen oder lange Strecken mit dem Auto zurücklegen. Manchmal wollt Ihr allerdings vielleicht Geld sparen und bleibt zuhause. Aber auch dann kannst Du schöne Ferien haben – und dieses Buch gibt Dir dafür eine Menge Tips. An dieser Stelle wollen wir Dir das Freizeitbad **Oktopus** empfehlen, das zu einer echten Attraktion umgebaut worden ist. Und der Besuch dieses Bades ist im Gegensatz zu anderen Spaßbädern nicht einmal teuer. Den kann sich auch eine große Familie leisten.

Unter alten Bäumen erstrecken sich große Liegewiesen. Da ist viel Platz für Dich und Deine Freunde. Austoben darfst Du Dich auch auf den beiden **Volleyball**-Feldern. Wenn Du schon richtig gut schwimmen kannst, wirst Du gerne im großen Sportbecken unter freiem Himmel Deine Bahnen ziehen. Der Extra-Sprungbereich hat ein Drei- und ein Fünf-Meter-Brett.

Riesenrutsche, Rutschberg und Strömungskanal

Ein anständiges **Spaßbad** kommt nicht ohne **Riesenrutsche** aus. Hier ist sie 85 Meter lang! Geboten werden außerdem ein **Rutschberg** und ein **Strömungskanal**. Bei heißen Temperaturen so recht erfrischend ist eine Dusche unter Wasserspeiern und Fontänen. Und Deine jüngeren Geschwister können im Kleinkinderbecken mit Schiffchenkanal spielen.

⇨ Seite 145

Warst Du schon einmal in einer **Sauna**? Du weißt sicher, daß das Schwitzen in einer Sauna sehr gesund ist und Dich widerstandsfähig gegen Erkältungen macht. Im Freizeitbad Oktopus kannst Du nach dem Schwimmen – oder zwischendurch – auch Saunabaden. Der Saunabereich, der auch ein Dampfbad enthält, ist nicht so luxuriös wie in teuren Bädern, aber er reicht völlig aus. Und er hat eine große Sonnenterrasse.

Das Oktopus umfaßt nicht nur das schöne Freibad, sondern auch ein **Hallenbad** mit 65-Meter-Riesenrutsche

**Spaß beim Planschen
in der Halle**

und einem beheizten Außenbecken, das Du über einen Schwimmkanal erreichst. So kannst Du sogar im Winter an der frischen Luft schwimmen. Im Hallenbad sind für die Kleinsten ein Nichtschwimmer- und ein Planschbecken reserviert.

Leckere Grillgerichte, Suppen und Salat vom Buffet bietet das Oktopus-Restaurant.

Was es sonst noch gibt in Siegburg

Stadtmuseum, Markt 46, Tel. 0 22 41-9 69 85-10.

Dauerausstellung zur Geschichte Siegburgs und seines Umlandes, Führungen nach Vereinbarung. In dem Haus, das nun als Stadtmuseum dient, wurde der Komponist Engelbert Humperdinck (1854–1921) geboren. Der Komponist wurde besonders durch seine Kinderoper „Hänsel und Gretel" berühmt. Öffnungszeiten: dienstags, mittwochs, freitags, samstags 10 bis 17 Uhr, donnerstags 10 bis 20 Uhr, sonntags 10 bis 18 Uhr. Führungen nach Vereinbarung. Eintrittspreise: Kinder 1,50 Mark, Erwachsene 3 Mark.

Stadtpfarrkirche St. Servatius, deren Anfänge bis in das 10. Jahrhundert zurückreichen. Interessant ist besonders die Schatzkammer, Mühlenstraße 6, Tel. 0 22 41-5 50 40. Der Siegburger Servatiusschatz ist einer der bedeutendsten romanischen Kirchenschätze der Welt und besteht unter anderem aus Schreinen, Reliquiarien und Tragaltärchen. Führungen nach Vereinbarung auch außerhalb der Öffnungszeiten. Öffnungszeiten: dienstags bis freitags 15 bis 16 Uhr, samstags 10 bis 11 Uhr, sonntags 12 bis 13 Uhr.

Wochenmarkt

Zu einem besonderen Erlebnis für die Augen wird ein Besuch auf dem Siegburger Markt, der inzwischen täglich außer sonntags stattfindet. Dazu reisen Kunden auch aus anderen Städten an. Es soll sogar Leute geben, die von Darmstadt und Marburg zum Siegburger Markt kommen. Die Hauptmarkttage sind Freitag und Samstag. Dann breiten rund 30 Händler aus der Region ihre Waren aus. An den übrigen Tagen findet man mindestens ein Dutzend. Es gibt vor allem natürlich eine reichliche Auswahl an Obst und Gemüse. Preisvergleiche lohnen sich. Schnittblumen, Pflanzen für den Garten, Häkeldecken und kostbare Spitze, Ledergürtel, Fleisch, Wurst, Eier und Bonbons gibt es außerdem hier, Wild, Spezialitäten vom Mittelmeer und Milchprodukte. Inzwischen findet man manchmal auch **Bio-Bauern**

Schnittblumen und
Häkeldecken

auf dem Siegburger Markt, die meisten Händler beziehen ihre Ware jedoch von den Großmärkten in Köln und Bonn. Zu den beliebtesten Geschäften gehört der rollende Käsewagen von Horst Nostheide aus Much-Reinshagen. Er baut freitags und samstags eine riesige Käsetheke auf. Auch frischen Joghurt kannst Du kosten. Nostheide handelt ausschließlich mit erlesenen Spezialitäten aus ganz Europa. So bietet er etwa Tiroler Bergkäse aus 2000 Metern Höhe an, Rohmilchbutter aus der Normandie, schwäbische Maultaschen und Pasteten aus Limoges. Ach ja, und gleich neben dem Markt ist ein Kino mit kleinen Sälen.

Natur

Für Spaziergänge empfiehlt sich der **Lohmarer Forst** nördlich von Siegburg. Mit der Linie 511 fahren wir vom Bahnhof aus bis zur Haltestelle Deutzer Hof-Straße, Stallberg. Hier ist auch ein Parkplatz. Jenseits der B56 beginnt der Spaziergang . Er führt vorbei an den Fischteichen des „Naturschutzgebietes Gagelbestand" – benannt nach dem Gagelstrauch, der hier vorkommt. Weiter geht es zu einem Hügelgräberfeld und zur Zwölfapostelbuche.

Natur pur

Verkehrsamt, Markt 46, 53721 Siegburg, Tel. 0 22 41-9 69 85-33.

5. Erlebnis St. Augustin

Einmal abheben

Besuch auf dem Flugplatz Hangelar

Ein Wunsch, so alt wie die Menschheit

Der Wunsch, fliegen zu können wie ein Vogel, ist so alt wie die Menschheit. Inzwischen können sich diesen Wunsch ja viele Menschen erfüllen. Vielleicht bist Du auch schon einmal mit so einer großen Maschine in die Ferien gestartet, nach Mallorca oder in die Türkei, nach Griechenland oder sogar in die Vereinigten Staaten. Ein ganz besonderes Erlebnis ist es jedoch, einmal einen **Rundflug** mit einem kleinen Flieger über eine Gegend zu machen, in der Du lebst. Dann verdecken Dir nämlich nicht dicke Wolkenfelder die Sicht. Sondern Du kannst ganz deutlich Deine Schule von oben sehen und das Schwimmbad, das Feuerwehrhaus und das Einkaufszentrum, das Klärwerk und den Sportplatz, auf dem Du Fußball spielst. Wir haben uns einen solchen Rundflug mit einer **Cessna** geleistet, einer kleinen, einmotorigen Maschine, die vom Flugplatz **Bonn/Hangelar** aus startet. Der Platz gehört zu St. Augustin. Die Cessna hat den Namen D-EDLH und sieht aus wie ein Flugzeug im Bilderbuch. In das Cockpit passen außer dem Piloten noch drei Gäste, Kinder unter elf Jahren gelten als „halbe Portion".

⇨ Seite 146

Kinder unter elf Jahren gelten
als halbe Portion

Natürlich ist ein solcher Rundflug ein großer Luxus. Aber manchmal haben Eltern gerade mal genug Lust und Geld, sich und ihren Kindern etwas ganz Besonderes zu spendieren. Zu einem Geburtstag, der Kommunion oder als Belohnung für ein sehr gutes Zeugnis. Wenn alle zusammen richtig fein essen gehen, kostet das auch so viel.

Beim Start, wenn die Maschine abhebt und hochzieht, kann einem schon ordentlich mulmig werden. Es kribbelt im Magen, wie wenn Du Achterbahn fährst. Aber das vergeht, und dann ist alles nur noch wunderbar.

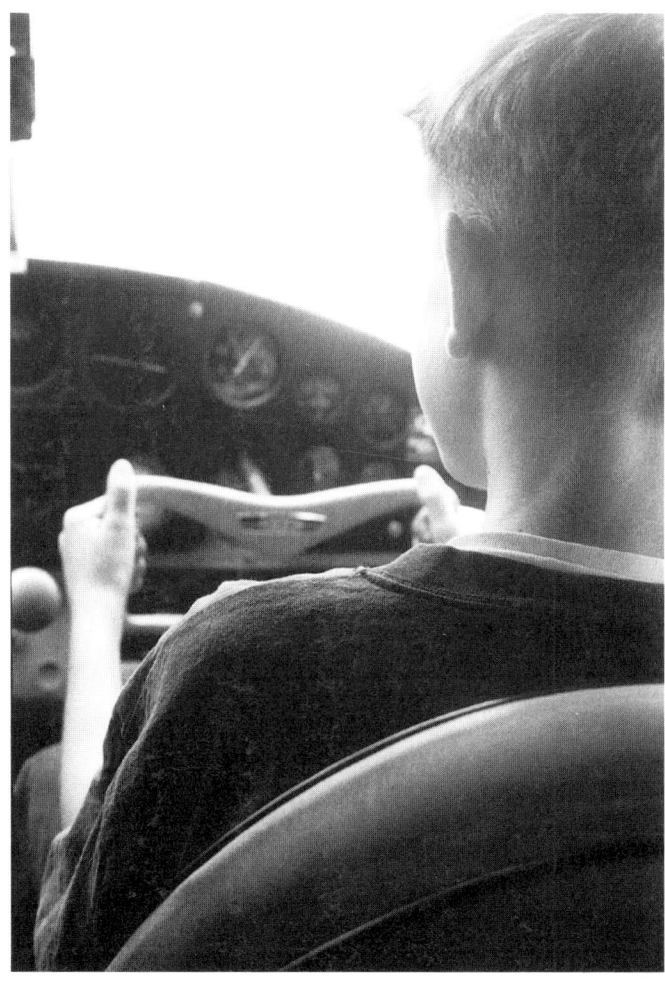

**Pilot
für ein paar
Minuten**

Der Pilot erläutert Dir die Instrumente, beschreibt, warum ein Flugzeug überhaupt fliegen kann. Und vielleicht läßt er Dich selbst ans Steuer. Währenddessen sagt er Dir, was Du unten siehst. Wir haben eine Route gewählt, die über das Siebengebirge führt. Und wir werden die Eindrücke nie vergessen. Du kannst übrigens auch mit dem Fotoapparat **Luftbilder** machen, etwa von Deinem Wohnort oder Stadtteil.

**Große Aufregung
vor dem Start**

Bald schlängelt sich unter uns der Rhein, wir sehen hinab auf Lastkähne und Fähre, auf den Sieglarer See, an dem Graureiher brüten. Wir erblicken unter uns den Petersberg, den Drachenfels und die Löwenburg, Bad Honnef, den Flughafen Köln/Bonn und die Wahner Heide.

Nach dem großen Abenteuer ziehen wir, wieder am Boden angekommen, durch die Hallen. Dort dürfen wir uns viele alte und ein paar neue **Flugzeuge** aus der Nähe anschauen. Unser Pilot Jürgen Unterberg erklärt uns geduldig jede technische Einzelheit, etwa wie ein **Hubschrauber** funktioniert und warum er so teuer ist. Zu einer solchen Besichtigung, die auch den **Tower,** den Turm mit den vielen Instrumenten zur Flugsicherheit, miteinbezieht, seid Ihr natürlich auch dann ganz herzlich eingeladen, wenn Ihr nicht fliegen wollt oder Eure Eltern das für zu gefährlich halten. Die Leute vom Flughafen sind sehr daran interessiert, ein gutes Verhältnis zu den Bürgern zu bekommen.

**Zuflucht für Hasen
und Rebhühner**

Während er uns über das Gelände führt, erzählt uns Pilot Jürgen Unterberg, daß sich hier einst eine große **Heidelandschaft** erstreckte. Reste davon sind erhalten. Du erkennst auf dem Boden typische Heidepflanzen. Und bis heute hüten hier Schäfer ihre Schafe. Der Flugplatz bietet zudem vielen wilden Tieren eine Zuflucht. Da, wo das Gras höher ist, verbergen sich Hasen und Kaninchen, Igel, Rebhühner und Lerchen. Außerdem fühlen sich hier Krähen, Bussarde, Sperber und Falken, Schleiereulen und Käuzchen wohl. Der Fuchs sucht nachts seine Nahrung, und Fledermäuse jagen nach Insekten. Auch seltene Nachtfalter haben sich hier halten können.

**Sieht aus wie ein
Spielzeug-Flugzeug**

Manche Leute mögen den Flugplatz nicht, weil ihnen die Maschinen zu laut sind. Allerdings weist Pilot Jürgen Unterberg darauf hin, daß die Flugzeuge ja meistens hoch oben in der Luft sind. Im Gegensatz zu

Autos brauchten sie viel weniger befestigte Strecke.
Ein Flieger benötige von Hangelar bis zur Insel Langeoog lediglich 800 Meter Asphalt für den Start in Hangelar und 650 Meter Grasbahn auf Langeoog. Dazwischen bewege sich die Maschine rund 700 Meter vom
menschlichen Ohr entfernt. Der Mann ist eben ein be-
geisterter Flieger. Auf dem Flugplatz Hangelar warten
im übrigen auch die **Rettungshubschrauber** auf den
Weiterflug, nachdem sie kranke Kinder in die Kinder-
klinik St. Augustin gebracht haben. Ohne Rettungshubschrauber müßte mancher Mensch nach einem Un-
fall sterben.

Der Flugplatz hat eine lange **Geschichte.** Um die Jahr-
hundertwende, als die Bonner Rheinbrücke 1898 fertig
war, entstand der Exerzierplatz Hangelarer Heide. Dort
hielten Soldaten ihre militärischen Übungen ab. Einer
von diesen Soldaten war der Techniker Fritz Pullig. Er
begann, ein eigenes Flugzeug zu bauen, einen Doppel-
decker. Am 17. Juli 1909 startete er von Hangelar aus.
Ein Automobil zog den Gleitflugapparat hinter sich
her. Der erhob sich in die stolze Höhe von zwei bis drei
Metern und glitt etwa 250 Meter weit „durch die Luft-
meere", wie es damals hieß. Das war der Anfang des
Flugplatzes Hangelar. Etwas mehr als zwei Jahre später
strömten Tausende von Zuschauern nach Hangelar, um
dem ersten Schaufliegen des jungen Fluglehrers Bruno
Werntgen zuzusehen, der später übrigens bei einem
Absturz tödlich verunglückte.

Eine lange
Geschichte

Im ersten Weltkrieg standen hier Militärflugzeuge.
Und am Osterdienstag 1930 ereignete sich auf dem
Flugplatz eine Sensation: Denn es landete vor etwa
120 000 Zuschauern das **Luftschiff LZ 127 „Graf Zeppelin".** Es hatte im Jahr 1929 ungefähr zehn Tage (reine
Flugzeit) gebraucht, um rund um die Erde zu fliegen.
Graf Zeppelin hatte das erste „starre" Luftschiff gebaut: Nach ihm sind die Zeppeline benannt. Das erste
Luftschiff dieser Art besaß ein „starres" Gitterwerk, das
mit einer Hülle bezogen war. Im Inneren befanden sich
mehrere mit Gas gefüllte Zellen; unter dem Gerippe
hing eine Kabine für Besatzung und Passagiere.

Der größte Zeppelin, der je gebaut wurde, hieß **„Hindenburg"** und maß in der Länge 245 Meter. Er hatte einen Durchmesser von 40 Metern. Seine Fluggeschwindigkeit betrug 125 Stundenkilometer. Er unternahm 63 Flüge, davon 37 über dem Atlantik. An Bord hatte er fließendes kaltes und warmes Wasser, eine Bar, eine Musikkapelle und eine Art windgeschützten „Balkon" für Spaziergänge an der frischen Luft. Im Mai 1937 geschah etwas Schreckliches: Die „Hindenburg" explodierte bei der Landung in den USA und brannte aus. Die Zeit der Zeppeline endete unter anderem deshalb, weil die mit Wasserstoff gefüllten Zeppeline wie die „Hindenburg" einfach zu gefährlich waren. Wasserstoff ist nämlich ein leicht brennbares Gas.

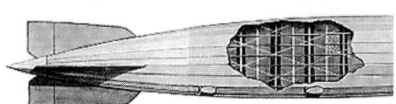

**Starre Gitter
im Innern**

Im Zweiten Weltkrieg waren auf dem Hangelarer Platz wieder Soldaten und „Jagdflugzeuge". Und am Ende des Krieges lagen fast alle Gebäude in Trümmern. Das Flugfeld, wird berichtet, habe nach den vielen Bombeneinschlägen einer Mondlandschaft geglichen. Flugbegeisterte richteten später wieder alles her, mit viel Mühe. Die erste Veranstaltung nach dem Krieg war ein Flugmodellwettbewerb.

Dann schlossen sich mehrere Vereine zusammen und bauten **Schul-Segelflugzeuge**. Seither sind hier viele Segelflieger ausgebildet worden. Auch ihnen kannst Du bei Start und Landung zuschauen (und schon mit 14 Jahren kannst Du fliegen lernen). Später wurde hier auch eine Motorfliegerschule eingerichtet.

Wie kommt es nun, daß ein Flugzeug fliegt?

„Im 18. Jahrhundert entdeckte der Gelehrte Daniel Bernouilli aus der Schweiz, daß in einer strömenden Flüssigkeit der Druck dort am niedrigsten ist, wo die Geschwindigkeit am größten ist. Das gilt nicht nur für Flüssigkeiten, sondern auch für die **Luft**. Und das brachte Flugzeugbauer auf die Idee: Wenn man die Geschwindigkeit der Luft oberhalb einer Tragfläche steigern kann, muß der Druck sich dort vermindern, und die **Tragfläche** wird von der unteren Luft nach oben ge-

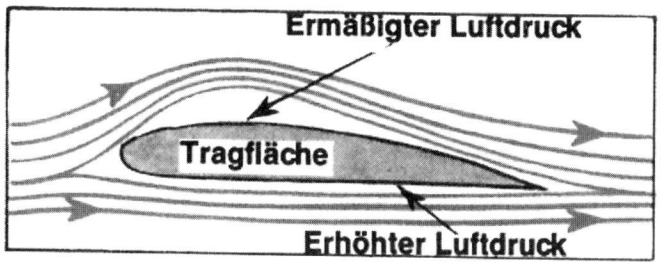

Wenn das Flugzeug sich vorwärtsbewegt, strömt die Luft über und unter der Tragfläche vorbei. Durch die Form der Tragfläche muß die Luft an der Oberseite eine größere Strecke zurücklegen. Dadurch verringert sich dort der Luftdruck, und an der Tragfläche entsteht ein Auftrieb.

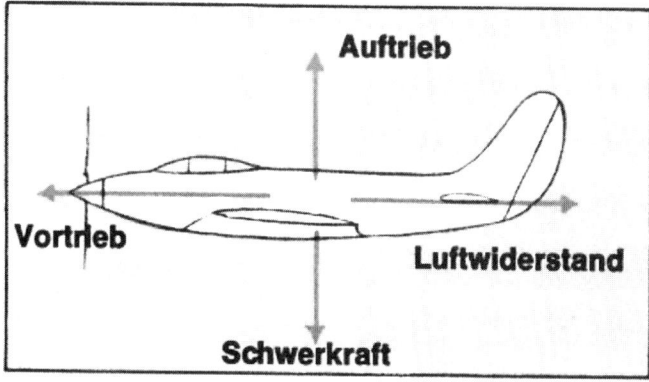

Diese vier Kräfte wirken während des Fluges auf ein Flugzeug ein.

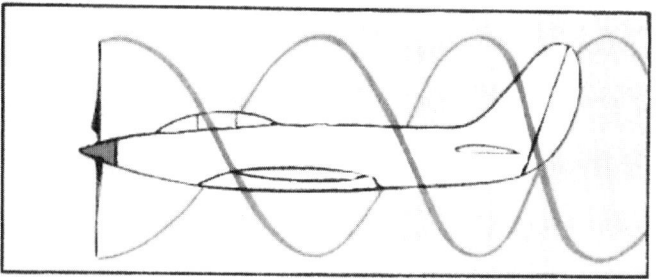

Der Propeller ist eine Luftschraube; er zieht das Flugzeug vorwärts und sorgt für den Auftrieb.

drückt. Man baute also für die Flugzeuge Tragflächen mit gekrümmter Ober- und gerader Unterseite. Da die Luft über die Oberseite eine größere Strecke zurückzulegen hat, muß sie sich mit größerer Geschwindigkeit bewegen. Die Folge davon: Der Druck über dem Flügel

Tragflächenschnitte
(von oben nach
unten): Tragfläche,
wie sie von den
Brüdern Wright
benutzt wurde;
Tragflächenprofil für
niedrige Geschwindig-
keiten, darunter für
hohe Geschwindig-
keiten.
(Text und
Abbildungen aus dem
„Was ist „Was"-Buch
„Fliegerei",
Neuer Tesslof Verlag)

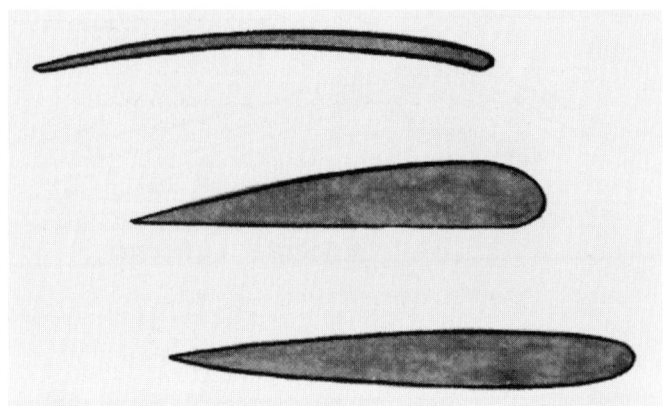

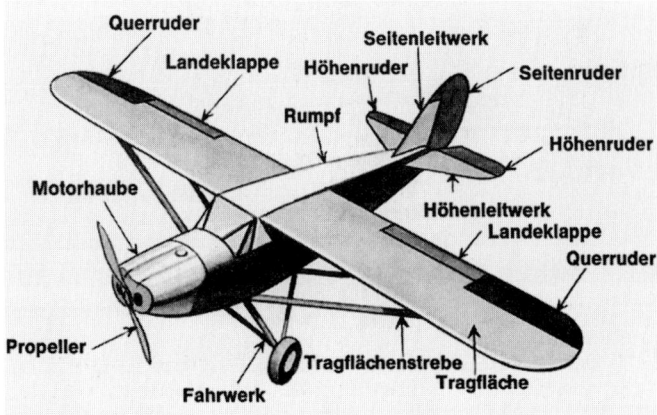

ist geringer als unter ihm, der Flügel wird nach oben
gehoben. Das kann aber nur funktionieren, wenn sich
das Flugzeug ziemlich rasch durch die Luft bewegt.
Dafür sorgt der **Propeller**. Er überwindet den **Luftwi-
derstand** und zieht das Flugzeug vorwärts. Und diese
Vorwärtsbewegung bewahrt das Flugzeug davor zu
sinken. Die Luft strömt an den Tragflächen vorbei.
Durch deren Form entsteht auf der Oberseite ein Un-
terdruck oder Sog – der sogenannte **Auftrieb**. Dieser
Auftrieb ist es, der die Schwerkraft überwindet. Der
Propeller schraubt sich durch die Luft; er zieht das Flug-
zeug vorwärts. Diese Vorwärtsbewegung durch den
Propeller wird „Vortrieb" genannt.

Wie man ein Flugzeug fliegt

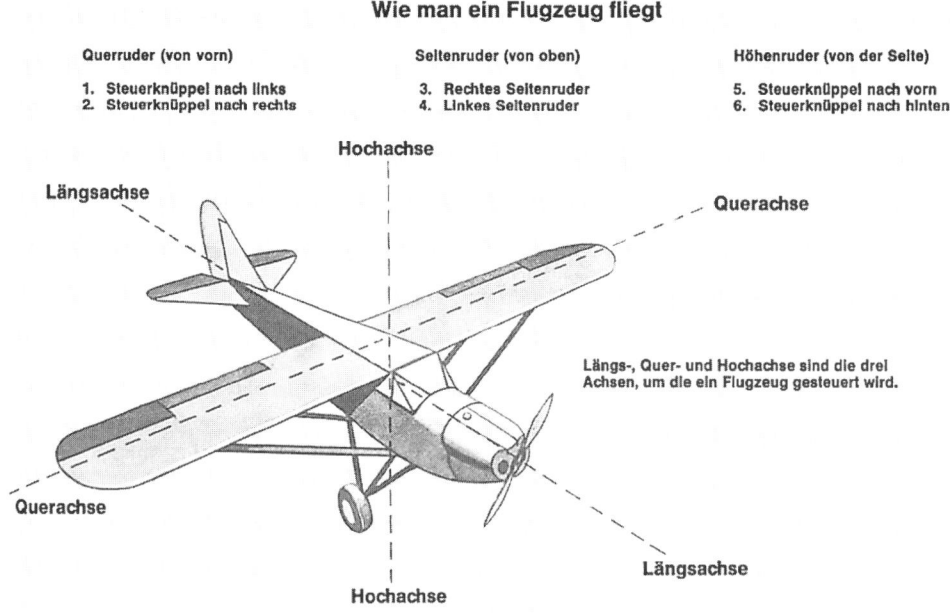

Querruder (von vorn)	Seitenruder (von oben)	Höhenruder (von der Seite)
1. Steuerknüppel nach links 2. Steuerknüppel nach rechts	3. Rechtes Seitenruder 4. Linkes Seitenruder	5. Steuerknüppel nach vorn 6. Steuerknüppel nach hinten

Hochachse

Längsachse

Querachse

Längs-, Quer- und Hochachse sind die drei
Achsen, um die ein Flugzeug gesteuert wird.

Querachse

Längsachse

Hochachse

Dem „Was ist Was"-Buch entnehmen wir auch ein
Experiment, das auf einfache Weise deutlich macht,
was wir mit vielen Worten zu erklären versucht haben:

Wie kann man den Auftrieb zeigen?

„Wir schneiden aus einfachem Schreibpapier ein recht-
eckiges Stück zu (12 Zentimeter lang, 5 Zentimeter
breit). Etwa drei Zentimeter davon falten wir um. Mit
Daumen und Zeigefinger halten wir das Papier so, daß
der Kniff etwa 2 bis 3 Zentimeter vom Mund entfernt
ist und blasen kräftig über den leicht herabhängenden
Streifen. Was passiert? Das Papier bewegt sich aufwärts, es hebt sich. Durch das Pusten wurde ein rascher
Luftstrom an der Oberseite des Streifens erzeugt, der
den oberen Luftdruck verringerte."

Schäfer in der Siegaue

Noch einmal zurück zu dem alten Menschheitstraum Fliegen. Nach einer alten Sage war Dädalus, der Erfinder aus Athen, der erste Mensch, der sich in die Lüfte erheben konnte. Er und sein Sohn Ikarus wurden von dem König Minos auf der Insel Kreta gefangengehalten. Vater und Sohn wollten fliehen. Dädalus formte Flügel aus Wachs. In die steckte er Vogelfedern. Aber Ikarus flog zu hoch. Er kam zu nah an die Sonne. Das Wachs schmolz, und Ikarus stürzte ins Meer. Nach der Sage setzte Dädalus den Flug fort und erreichte Sizilien.

Wir haben den Besuch auf dem Flughafen mit einer **Radtour durch die Siegaue** verbunden. Start: Von Hangelar über Radweg nach Menden Bundesbahnhof, Straße überqueren, Richtung Meindorf, zweiter Weg (Lichweg) rechts ab Richtung Kapellchen, am Ende des Weges nach rechts Richtung Sportplatz – großer **Spielplatz** gegenüber, mit Bolzplatz und **Grillplatz** (Information Bürgerverein Meindorf, Josef Seife, Tel. 0 22 41-31 28 84), gut für ein Picknick!), und dann entweder nach rechts oder links die Sieg entlang. Wenn Du rechts fährst, kommst Du nach wenigen Metern zu einer Stelle, wo Du **Bisamratten** beobachten kannst. Sie bewohnen unterirdische Höhlen, die sie, mit Eingang unter Wasser, in die Uferwände graben. Die aus Nordamerika stammenden Wühler, zu Beginn unseres Jahrhunderts aus Pelzfarmen geflohen , sind den Wasserbehörden ein Dorn im Auge. Denn ihr emsiges Arbeiten im Erdreich führt dazu, daß Teile des Ufers abbrechen. Wenn Du am Sportplatz nicht rechts, sondern links immer weiter geradeaus fährst, kommst Du an die **Siegmündung**. Dieses Gebiet ist bei Hochwasser, vor allem von Januar bis März, oft überflutet.

Spiegelungen an der Sieg

Was es sonst noch gibt in St. Augustin (eine Auswahl)

Im **Kinderparlament** (Informationen bei Harry Liedtke, Tel. 0 22 41-24 34 73) können Jungen und Mädchen Demokratie lernen.

Ein sehr gelungener **Kinderstadtplan** führt Pänz zu allen Plätzen, die ihnen etwas bieten (Jugendamt der Stadt, Tel. 0 22 41-24 34 73).

Das **Umweltamt** lädt Familien zu tollen Exkursionen und Aktionen ein (Tel. 0 22 41-2 43-4 07).

Beispiele aus dem Jahr 1997: Färben mit Wildpflanzen, Fahrradtour zu den Kräutern am Wegesrand und ein Kräuterspaziergang.

Ein schönes **Bilderbuch** für kleine Geschwister haben Georg Schwikart und Hans Günter Döring gemacht: „Fliegen müßte man können", Verlag echter. Es spielt in St. Augustin-Hangelar.

Noch ein **Buch** für Schulkinder: Rumjana Zacharieva: „Birka entdeckt St. Augustin", Stadtteilgeschichten für Kinder, Avlos-Verlag

Interessant ist auch das

⇨ Seite 147

Haus Völker und Kulturen

Große Trommel aus Westafrika

In dem völkerkundlichen Museum der Steyler Missionare sind Kunstobjekte aus Afrika, Papua- Neuguinea und Äthiopien zu sehen. Man muß aber schon etwas über die Gegenstände wissen, um zu erkennen, wie spannend sie sind und welche tiefe religiöse Bedeutung sie haben. Dafür gab es einen sehr umfassenden und aufschlußreichen Führer für Erwachsene, dem wir unsere Erklärungen entnehmen. Er ist zur Zeit nicht erhältlich, weil er überarbeitet wird.

So findest Du in einem Saal **Musikinstrumente** ausgestellt. Das Hauptinstrument jedes afrikanischen Musikers, erfahren wir, ist die Trommel. Sie ist nicht nur irgendein Instrument, sondern die Menschen nehmen oft an, daß aus ihr die Stimme eines Ahnen spricht. Von

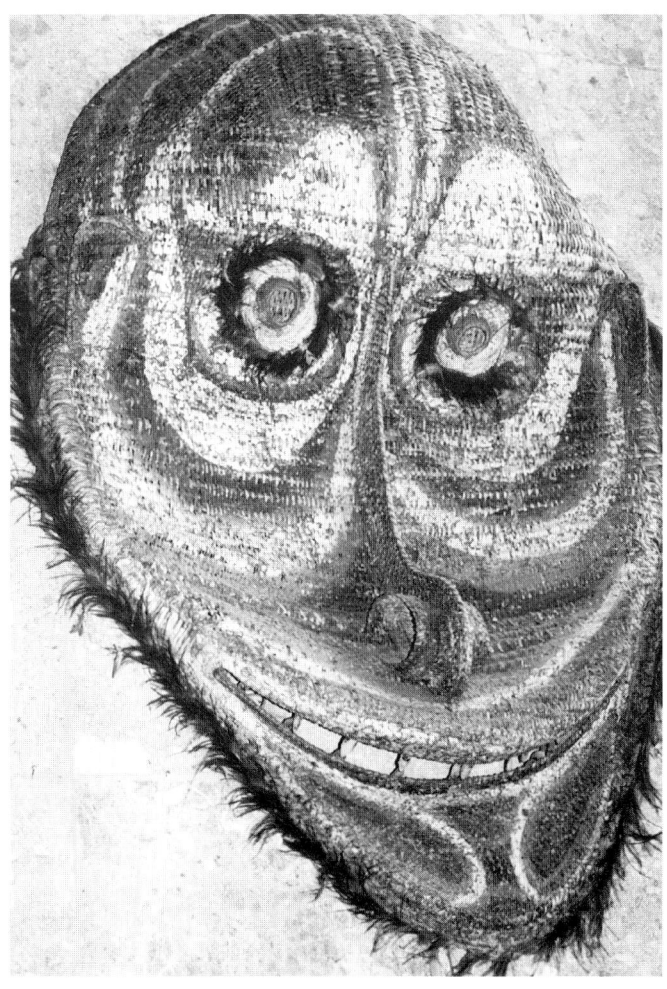

Freundlich oder gruselig?
Eine Maske aus dem Haus
Völker und Kulturen

ganz besonderer Bedeutung sind die Verzierungen. Du erkennst etwa Tiere, die ebenfalls in Verbindung mit der Welt der Vorfahren stehen sollen, vor allem Wasser- und Erdtiere: Schlange, Eidechse, Krokodil und Fisch. Aber auch Fledermäuse. Denn Fledermäuse sind nachts unterwegs, deshalb werden sie mit der Welt der Geister in Verbindung gebracht.

Die Trompeten links von den Trommeln wurden nur bei besonderen Festen geblasen, vor allem bei wichtigen politischen Anlässen. Interessant sind die kleinen Flöten am Boden der Vitrine. Mit ihnen können richtige Worte geformt werden. Der Spieler erzeugt hohe und tiefe Töne in einer bestimmten Reihenfolge. Wer sich auskennt, hört heraus, welche Worte gemeint sind! Große Wichtigkeit haben auch die Eisenglocken. Sie werden zum Beispiel geschlagen, wenn sich ein König von einem an den anderen Ort begibt. Man sieht sie selten in einem Orchester.

Ein paar Schritte weiter findest Du sogenannte **Fetische**. Das können Figürchen oder andere Gegenstände sein. Auch sie werden als Wohnort der Ahnen angesehen, die der Mensch um Hilfe bittet. Um sie freundlich zu stimmen, schmückt er den Fetisch unter anderem mit Muscheln, Schnüren und Geld. Du siehst auch den großen hölzernen Topf eines Zauberdoktors. Auf ihm entdeckst Du wieder Schlange, Vogel, Schildkröte, Eidechse und Kröten.

Eine andere Vitrine zeigt **Schmuckstücke**. Zum Beispiel die sogenannten Sklavenperlen (rechts). Sie kamen früher oft aus Italien nach Schwarzafrika. Damit hat man die Menschen betrogen – denn gegen diese vergleichsweise spottbilligen Perlen tauschten die weißen Eroberer weit wertvollere „Waren" ein: Gold, Elfenbein und – besonders übel – Sklaven! Die Armreifen und Fußringe aus Messing sind bis zu 15 Pfund schwer.

Eng verbunden: die Zwillingsfiguren

In einem weiteren Saal sind **Zwillingsfiguren** afrikanischer Stämme ausgestellt. Und damit hat es Folgendes auf sich: Über Zwillinge freuen sich die Mütter sehr. Stirbt aber ein Zwilling bei der Geburt, begibt sich die Mutter nach dem Begräbnis zu einem Priester und fragt ihn, wie der tote Zwilling auf Erden wohl dargestellt werden möchte. Der opfert zunächst der Zwillingsgottheit und gibt der Mutter dann bestimmte Anweisungen. Nach ihnen läßt die Mutter ein Figürchen schnitzen. Das hat sogar eine ähnliche Frisur wie das lebende Kind. Wenn die Mutter ihr Baby nun füttert und badet, tut sie dasselbe mit dem Püppchen. Das hat wieder mit den Ahnen zu tun, denen große Macht zugemessen wird. Denn indem die Mutter die Zwillingsfigur gut behandelt, möchte sie den Geist des verstorbenen Kindes versöhnen. Die Zwillingsfigürchen haben immer ge-spreizte Finger. Und dazu gibt es eine Geschichte, die den Stämmen heilig ist:

Bevor das Kind den Mutterleib verläßt, wird es von sei-nem Schutzgeist, dem Orisha oder Vodun, belehrt, es müsse jetzt ins Leben gehen, aber das Leben sei nur eine Durchgangsstation. Danach müsse es wieder zurückkehren zu den Ahnen. Dann gibt der Orisha dem Kind Glück und Reichtümer in die Hand und befiehlt, die Fäuste fest zuzuhalten. Sobald der Zwilling das Tor zum Diesseits durchschreitet, also geboren wird, schlägt ihm der Orisha auf die Finger. Läßt das Kind vor Schmerz die Schätze fallen, ist das ein Zeichen dafür, daß es bald sterben wird.

Diese Masken erinnern an Tiere

Gruselig bis lustig sind die vielen, vielen Masken. Sie re-gen dazu an, selbst Masken zu entwerfen. Überhaupt bietet das Museum viele Anregungen für den Kunst- und Musikunterricht. Die meisten dieser Masken setzen sich die Menschen nicht etwa auf, um unerkannt Blöd-sinn machen zu können – wie viele Leute im Karneval. Eine Maske hat, wie ein Fetisch, ebenfalls oft eine reli-giöse Bedeutung. Wenn der Mensch hineinschlüpft, dann spielt er selbst keine Rolle mehr. Es geht nur noch um den, den er darstellt: einen bestimmten **Natur- oder Ahnengeist**. In dessen Dienst stellt sich der Mensch. Masken werden getragen bei Aussaat-Festen, wenn ein König erstmals den Thron besteigt, bei Begräbnissen und Trauerfeiern. Wenn die Maske keine gute Wirkung mehr hat, dann wird ihr (und damit dem Geist, der dar-in wohnt) geopfert. Hilft auch das nicht, wird die Mas-ke in den Wald geworfen, wo sie verrottet. Das pas-siert, wenn ein Mensch nicht mehr an die Ahnen, son-dern an Christus glaubt.

In einigen der Glaskästen sind aber auch Masken aus-gestellt, die wohl keine religiöse Bedeutung mehr haben, zum Beispiel jene von der Elfenbeinküste. Sie sollen nur noch lustig oder auch erschreckend sein.

In den übrigen Sälen erhältst Du unter anderem noch Einblicke in die afrikanische Häuptlingsverehrung, kannst weitere Masken, Musikinstrumente, Ahnendarstellungen und auch Waffen bewundern. Und du siehst, mit welchen Geräten die Papua-Frauen von **Neuguinea** (eigene Abteilung) arbeiteten.

Neuguinea ist nach Grönland die zweitgrößte Insel der Erde. Auch hier werden die Ahnen verehrt. Die Vitrine mit dem Hausrat gibt Dir eine Ahnung von dem Alltagsleben. Wichtigster Einrichtungsgegenstand ist der Aufhängehaken. Lebensmittel werden, um sie vor Ungeziefer und Nässe zu schützen, in Netztaschen an solche Haken gehängt, die mit einem Seil am Dach befestigt sind. Die Netztaschen werden von den Frauen selbst geknüft. Sie holen in solchen Taschen auch die Früchte vom Feld und das Brennholz. Getragen werden die Beutel auf dem Rücken, gehalten von einem Band, das sich über den Vorderkopf zieht. So hat die Frau die Hände frei. Gegessen werden vor allem Pflanzen. Fleisch gibt es nur zu Festtagen. Süßkartoffeln, Bananen und Kokusnuß, Zuckerrohr, verschiedene Gemüse und Früchte kommen auf den Tisch – nie roh. Oft wird alles im Erdofen zubereitet: die Frauen wickeln die Speisen in Bananenblätter und legen sie zwischen erhitzte Steine. Wer Metallkessel hat, kocht oder schmort das Essen auch. Es soll übrigens sehr lecker schmecken.

Wichtigstes Möbelstück ist der Haken

6. Erlebnis Windeck

Wie einst Tante Emma

Spaziergang durch ein schönes Dorf

Das Siegtal eignet sich für viele erlebnisreiche Radtouren und Wanderungen. Dort, wo zahlreiche Menschen wohnen, etwa in St. Augustin und Troisdorf, wissen die Leute das. Aber auch sie kennen oft nicht die Gegend der mittleren Sieg, etwa das Windecker Ländchen. Wir beginnen unsere Strecke, die sich wegen mancher Steigung nur für Kinder eignet, die gut zu Fuß sind, am Bahnhof Schladern. In dessen Nähe befindet sich der Siegdurchstich. Als die Eisenbahnlinie gebaut wurde, wollte man nicht allzuviele Brücken über die Sieg spannen. Deshalb entschlossen die Planer sich, die Sieg einfach umzuleiten. Dabei entstand ein Wasserfall. Die Sieg stürzt in vier Meter Tiefe – auf einer Breite von immerhin 84 Metern. Hier staute sich das Wasser. Diese Kraft wurde für eine Turbine genutzt. Eine Metallwarenfabrik ließ sich hier nieder, die Kupferrohre herstellte. Durch diesen Einschnitt wurde der Mäander der Sieg bei Krummauel zu einem Altarm. Heute ist er nur noch bei Hochwasser vollständig gefüllt.

⇨ Seite 148

Einst ein Wirrwarr von Schlingen und Rinnen

Dazu mußt Du wissen: Früher schlängelte sich die Sieg in einem unübersehbaren Wirrwarr von Schlingen, Altarmen und Rinnen durch das Tal. Bei jedem Hochwasser fanden Veränderungen statt. Diese Landschaft bot an den Ufern Lebensraum für Uferschwalben, und auf den breiten Kies- und Sandbänken brüteten Flußuferläufer und Flußregenpfeifer. Von all dem ist nicht viel geblieben. Schon gegen Ende des 17. Jahrhunderts waren die Siegschlingen (Mäander) durchstoßen worden, damit das Hochwasser schneller ablaufen konnte. Jetzt pendelt der Lauf der Sieg nur noch schwach hin und her. Die meisten Altarme sind voller Schlick, also Modder.

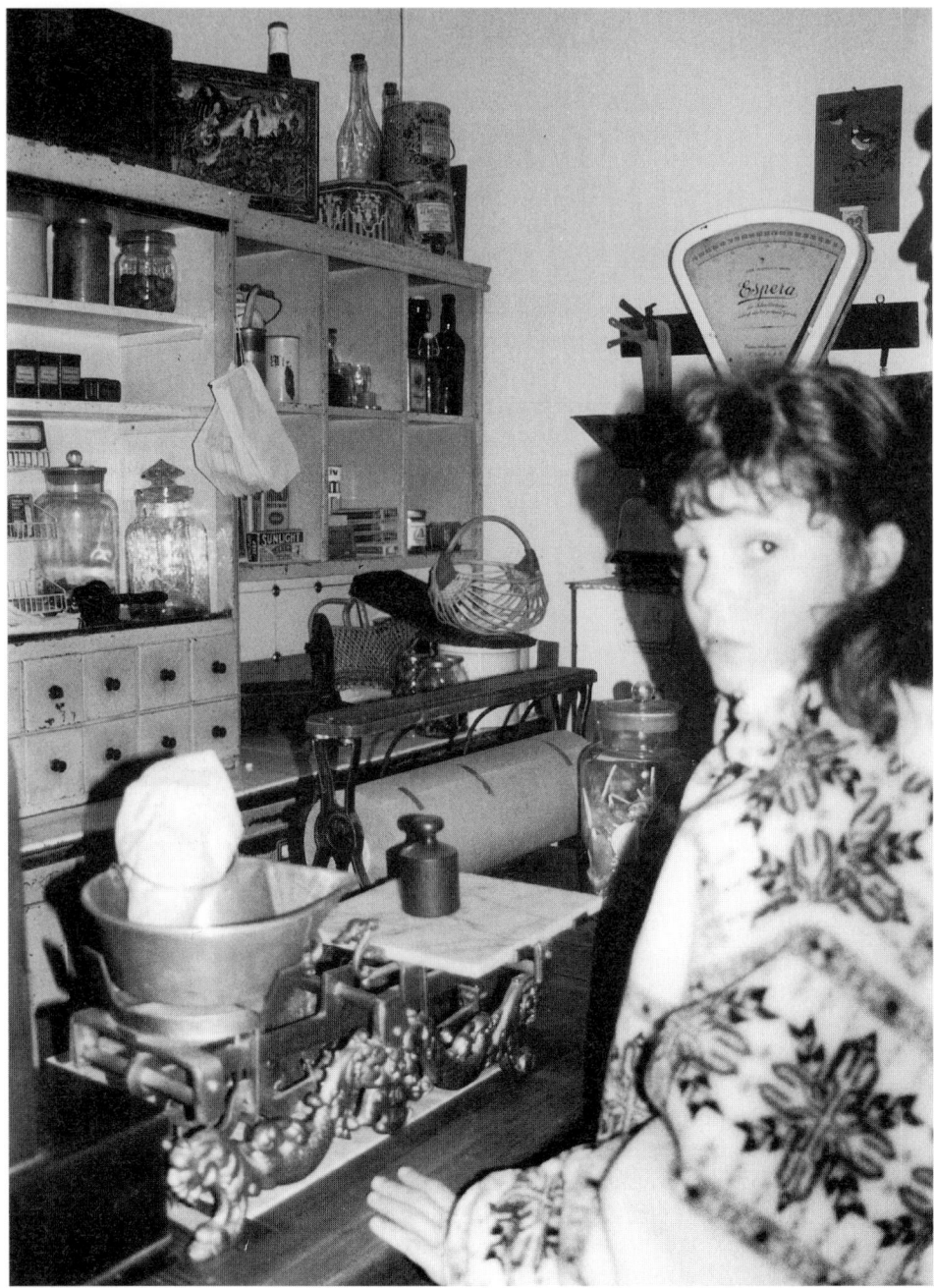

Der „Tante-Emma"-Laden

Wir gehen weiter nach **Altwindeck** und finden links von dem Rundwanderweg Haus Broich. Das war einer der wichtigsten Rittersitze im Bereich der **Burg Windeck**. Heute sind nur noch die Grundmauern zu sehen. Sie verstecken sich hinter wilden Sträuchern. Altwindeck selbst ist ein ausgesprochen hübscher Ort. Weil er so gepflegt ist, bekam er mehrere Male die Auszeichnung „Unser Dorf soll schöner werden". Freundliche **Fachwerkhäuser** liegen unter der Burg, im Westen des Tales und rund um die Burgkapelle. Beim Spaziergang durch Altwindeck siehst Du etliche Bruchsteinmauern. Sie stützen die Hänge ab und bieten vielen Tieren Lebensraum.

Hochzeitskleid von 1875. Der Hut besteht aus geflochtenem Frauenhaar.

⇨ Seite 148

Eine rechte Sehenswürdigkeit ist das **Heimatmuseum** in Altwindeck. Draußen siehst Du zunächst einen Bauerngarten und mehrere hier wiederaufgebaute Fachwerkhäuser, darunter eine **Göpelmühle**, die von Pferd oder Rind angetrieben wurde. Drinnen entdeckst Du noch viele weitere Attraktionen. Sie werden Dir bei einer Führung gerne ausführlich und mit viel Liebe zu den Gegenständen erklärt. Frag' mal nach der Klickerflasche! Der **„Tante-Emma-Laden"** sieht mit seinen Bonbongläsern, den vielen Schubladen, der alten Kasse und der Waage, für die man noch Gewichte braucht, gerade so aus, wie der Kaufmannsladen, mit dem Deine Mutter früher gespielt hat. Aber vielleicht hast Du so einen Laden ja geerbt? Außerdem findest Du ein Schulzimmer aus längst vergangenen Tagen und viele Ausstellungsstücke über Erzbergbau, Eisenverhüttung und Eisenguß. Du erfährst etwas über die Waldwirtschaft und die ländlichen Handwerksberufe.

Die Wäscherei

Besonders lohnend ist es, Altwindeck Anfang Oktober zum **Handwerksmarkt** zu besuchen. Dann kannst Du hier Brot probieren, das im Museumsbackofen gebacken worden ist, beim Spinnen und Filzen von Wolle zusehen, und eine Schulstunde in dem alten Klassenzimmer erleben. Zudem kannst Du sehen, wie ein Pferd das Schwungrad der Mühle in Bewegung hält. (Informationen unter Tel. 0 22 92-1 94 33).

Eine wahre Fundgrube, in der Du lesen und schauen kannst, wie die Menschen hier früher gelebt haben, ist die Schrift von Emil Hundhausen: „25 Jahre Heimatmuseum Windeck/Sieg".

Darin entdeckst Du neben zahlreichen Texten und Abbildungen auch Auszüge aus einem **„Anschreibebuch"**. In dem notierte „Tante Emma" vor hundert Jahren, welche Waren der Kunde „auf Pump" mitgenommen hatte und später bezahlen würde, wenn wieder Geld im Beutel wäre.

Dort heißt es zum Beispiel:

1 Rolle Taback, 50 Pfg.,
1 Päckchen Versicherungsnadeln (sollte wohl bedeuten „Sicherheitsnadeln") 16 Pfg.,
2 Pfd. Mehl. ½ Pfd. Würfelzucker, 1 Paar Strumpfbänder 55 Pfg.,
1 Graubrod, 1 Fingerhut, 1 Pfd. Kraut 75 Pfg.,
½ Pfd. Pflaumen, 1 Briefmappe 35 Pfg.,
Und so weiter.

Zerstört und wieder aufgebaut

Wir folgen dem Rundwanderweg weiter und gelangen zur **Burgruine Windeck**. Die Burganlage, die einmal sehr mächtig gewesen sein muß, wurde 1174 erstmals erwähnt. Sie sicherte die Grenze der Grafen von Berg gegen die Grafen von Sayn (Homburg). Später wurde die Burg kräftig ausgebaut, im 30jährigen Krieg, dann durch die Franzosen zerstört und nicht wieder aufgebaut. Die Trümmer dienten den Bewohnern der Gegend schließlich als Steinbruch. Wie wichtig diese Burg lange, lange vorher gewesen war, läßt sich daran erkennen, daß ringsum sehr viele Rittersitze bestanden.

Um diese Burg rankt sich eine Sage, die Heidi und Harry Böseke in ihrem sehr empfehlenswerten Touren- und Lesebuch „Das Bergische Land" (J.P. Bachem-Verlag) erzählen:

Als im Dreißigjährigen Krieg die Schweden die Burg Windeck belagerten und die Burgbewohner sich gezwungen sahen, ihr Besitztum aufzugeben, bat die Burgfrau – so überliefert die Sage – ihr zu gestatten, eine Last aus der Burg tragen zu dürfen. Schließlich wurde ihr die Bitte gewährt. Aber die Schweden staunten nicht schlecht, als die schwache Frau mit ihrem Gemahl auf dem Rücken am Burgtor erschien und diesen ins Tal hinuntertrug. Dieser war zwar gerettet, doch all ihre Schätze mußte sie in der Burg zurücklassen, die alsbald der Plünderung und Zerstörung zum Opfer fiel. Diese zu finden, bemühen sich seitdem schon Generationen.

Ob Du diese Schätze der Burgfrau findest?

Auch das ganze Windecker Ländchen, schreiben die Bösekes, habe einst einer verlassenen Burg geglichen, „kahl und unwirtlich": „Die Armut in dieser von der Natur nicht gerade verwöhnten Landschaft trieb viele Menschen nach Übersee." Daran erinnere ein „Auswandererkreuz" im Heimatmuseum.

Und der **Alltag auf der Burg** wird so beschrieben: „Die starke Zugluft machte das Leben nicht angenehm. Auf Verteidigung ausgerichtet, hat der Bau dicke Mauern, die Fenster – gerade auch an der Außenseite – sind spärlich und schmal. Im engen Burghof liegen die Stallungen und die Scheune. Eine der willkommensten Abwechslungen ist die Jagdlust. Ihr frönen die Herren mit Leidenschaft. Wehe dem, der sie dabei stört! Die Sage überliefert, wie Wildschweine und Hirsche die Saaten der Bauern vernichteten. Verfolgten die Bauern aber das Wild und wurden dabei vom Jagdaufseher gestellt, kam es vor, daß man sie zur Strafe und Abschreckung in Wildhäute einnähte, wo sie – von Hunden gehetzt und zerrissen – ein grausiges Ende fanden. Endlose Prassereien, wilde Sauforgien, wüstes Geschrei und derbe Späße – von höfischer Zivilisation und zivilisierter Höflichkeit konnte auf dieser entlegenen Burg keine Rede sein. Schließlich findet die Burg Windeck im 17. Jahrhundert ihren Untergang."

„Endlose Prassereien, wüstes Geschrei und derbe Späße ..."

Weiter geht es durch den Wald Richtung Schladern bis zum Bahnhof.

Strecke etwa fünf Kilometer.

Was es sonst noch gibt in und um Windeck

Das Windecker Ländchen liegt im **Naturpark Bergischer Wald** und hält 500 Kilometer markierter Wanderstrecke mit vielen Parkplätzen bereit.

Auskünfte über Pensionen erteilen das Verkehrsamt der Gemeinde-Windeck in Windeck-Rosbach (Tel. 0 22 92-6 01-0) und der Verkehrsverein „Windecker Ländchen in Windeck-Herchen (Tel. 0 22 43-3 09).

Bootsverleihe

an den Siegpromenaden in Windeck-Herchen (Auskunft Verkehrsverein).

Serviceteil

1. Erlebnis Könisgwinter

Zu Kapitel: In die Höhle des Ungeheuers

Drachenfelsbahn

Adresse:

Bergbahnen im Siebengebirge AG
53639 Königswinter
Postfach 1129
Tel. 0 22 23-9 20 90
Fax 0 22 23-47 34

Fahrplan:

Januar-Februar: An Werktagen nur bei
Bedarf von 12 bis 17 Uhr, an Samstagen
und Sonntagen Fahrten von 11 bis 18 Uhr
stündlich, bei Bedarf zusätzliche
Zwischenfahrten

März: 10 bis 18 Uhr alle 30 Minuten,
bei Bedarf Zusatzfahrten

April: 10 bis 19 Uhr alle 30 Minuten,
bei Bedarf Zusatzfahrten

Mai-September: 9 bis 20 Uhr, alle
10 Minuten, bei Bedarf Zusatzfahrten

Oktober: 10 bis 18 Uhr, alle
30 Minuten, bei Bedarf Zusatzfahrten

November (bis einschließlich
Buß- und Bettag):
Montag bis Freitag 12 bis 17 Uhr,
Samstag/Sonntag 11 bis 18 Uhr,
jede volle Stunde, bei Bedarf Zusatzfahr-
ten

Start Bergstation jeweils 15 Minuten
später

Anfahrt Königswinter:

Straßenbahn Linie 66
Bus Linien 520, 521

Eselreiten

Talstation bis Drachenburg

Familie Muhr, Tel. 0 22 23-2 46 50

Zeiten: Samstags, sonntags und in den
Sommerferien

Preis: 15 Mark pro Person

**Nibelungenhalle/Drachenhöhle/
Reptilienzoo**

Öffnungszeiten:

15. März bis 15. November täglich
16. November bis 14. März nur
samstags, sonn- und feiertags
Tel. 0 22 23-2 41 59
Fax 0 22 23-39 24

Schloß Drachenburg

Öffnungszeiten:

30. März bis 3. November täglich außer
montags, 11 bis 18 Uhr
Tel. 0 22 23-2 70 33 oder 2 61 55

Kutschfahrten:

Fahrstall Mikolajczak, Tel. 0 22 24-54 19
Fahrstall Manfred Josef Ohagen,
Tel. 0 22 23-2 33 06 oder 2 24 45
Mehrstündige Abenteuerfahrten mit Gril-
len am Stall oder in freier Natur bieten un-
ter anderem:

Reit- und Fahrstall Otto, 53639 Königswin-
ter-Thomasberg, Hirschbergstraße, Tel.
0 22 44-78 14 oder 8 05 67
Fahrstall W. Kaspers, 53639 Königswinter-
Ittenbach, Tel. 0 22 23-38 63 (Preis nach
Absprache).

Zu Kapitel: Die Riesen auf dem Rhein

Adresse:

Siebengebirgsmuseum der
Stadt Königswinter
Kellerstraße 16
53639 Königswinter
Tel. 0 22 23-37 03

Öffnungszeiten:

1. April bis 15.Oktober täglich außer
montags 14-17 Uhr, mittwochs 14-19 Uhr,
sonntags 11-17 Uhr

16. Oktober bis 31. März
mittwochs 14-19 Uhr,
samstags und sonntags 14 bis 17 Uhr.

Gruppen nach Anmeldung auch zu anderen Zeiten!

Eintrittspreise:

Schulklassen, geschlossene Kinder- und
Jugendgruppen mit Aufsicht und Kinder
im Vorschulalter frei

Erwachsene 2 Mark,

Schüler, Studenten, Auszubildende etc.
und Gruppen ab 10 Personen
pro Person 1 Mark
Führung pro Person 2 Mark
(mindestens 20 Mark)

Anfahrt:

Straßenbahn Linie 66 (Bonn-Bad-Honnef
bis Königswinter „Fähre"
Bus Linien 520, 521 (Rundverkehr
Königswinter) bis Clemens-August-Straße

Schiffahrt:

Information und Buchung:

Köln-Düsseldorfer Rheinschiffahrt:

Königswinter, Rheinpromenade,
Tel. und Fax 0 22 23-2 16 38
Köln, Rheingarten Tel. 02 21-2 58 30 11,
Fax 02 21-2 08 82 38
Bonn, Brassertufer, Tel. 02 28-63 21 34,
Fax 02 28-65 48 98

Bonner Personenschiffahrt, Bonn,
Brassertufer, Tel. 02 28-63 65 42

Personenschiffahrt Siebengebirge,
Bonn-Bad-Godesberg, Rheinallee,
Tel. 02 28-36 37 37

Personenschiffahrt Königswinter,
Königswinter, Rheinallee,
Tel. 0 22 23-2 18 18

Personenschiffahrt Franz Schmitz,
Hauptstraße, Königswinter,
Tel. 0 22 23-2 25 78

Die Autofähre fährt von Konigswinter
aus nach Bonn-Mehlem und von
Königswinter-Niederdollendorf aus nach
Bonn-Bad Godesberg.

2. Erlebnis Bonn

Zu Kapitel: Flitzen und Trödeln

Anfahrt:

Mit dem Schiff (Haltestelle Bundeshaus)
U-Bahn (Haltstelle Rheinaue)

Bootfahren:

Von April bis September,
10 bis 18 Uhr, Ruderboote 7 Mark
pro 30 Minuten , Tretboote 8 Mark für 30
Minuten, Elektroboote

25 Mark pro 30 Minuten.
Auskunkt unter Tel. 02 28-23 31 32.

Grillen:

Auskunft beim Grünflächenamt der
Stadt, Tel. 02 28-77 42 33/77 35 32.

Zu Kapitel: Schattige Schluchten

Haus der Natur

Adresse:

Haus der Natur
An der Waldau
53127 Bonn-Venusberg
Tel. 02 28-28 51 07

Öffnungszeiten:

Vom 1. November bis 31. März
dienstags bis freitags 13 bis 17 Uhr

samstags und sonntags 11 bis 17 Uhr

Vom 1. April bis 31. Oktober
dienstags bis freitags 14 bis 19 Uhr
samstags und sonntags 11 bis 19 Uhr

Anfahrt:

Mit dem Bus 625 bis Endhaltestelle
„Waldau"
Führungen nur vormittags und nach Ter-
minabsprache unter Tel. 0228-28 51 07

Zu Kapitel: Eine Zeitreise

Haus der Geschichte:

Öffnungszeiten:

Di–So 9-19 Uhr

Anfahrt:

Mit öffentlichen Verkehrsmitteln:
U-Bahn-Linien 16, 63, 66, Haltestelle
Heussallee, Bus-Linien 610 und 630,
Haltestelle Bundeskanzlerplatz/
Heussallee.

Parkplätze der Museumsmeile sind ausgeschildert

Adresse:

Haus der Geschichte
der Bundesrepublik Deutschland
Museumsmeile
Adenauerallee 250
53113 Bonn
Tel. 02 28- 91 65-0
Fax 02 28-91 65-3 02.

3. Erlebnis Troisdorf

Zu Kapitel: Wo Drachen lächeln

Bilderbuchmuseum

Öffnungszeiten:

Di–So 10-12.30 Uhr, 14.30-17 Uhr

Eintrittspreise:

Erwachsene 3 Mark (mit Führung nach
vorheriger Anmeldung 7 Mark)
Kinder 1 Mark (mit Führung nach
vorheriger Anmeldung 4 Mark)

Anfahrt:

Mit öffentlichen Verkehrsmittel:
ab Troisdorf Bahnhof Buslinien 501, 506
und 508 bis Ursulaplatz. Fußweg vom
Bahnhof etwa 15 Minuten.

Adresse:

Bilderbuchmuseum
Burg Wissem
53840 Troisdorf
Tel. 0 22 41-88 41-11/17,
Fax 0 22 41-88 41-20

Aggerfreibad

Öffnungszeiten:

von Mai bis September,
9.30 bis 19.30 Uhr

Eintrittspreise:

Einzelkarte: Erwachsene 5 Mark,
Kinder und Jugendliche
(5 bis einschließlich 17 Jahre) 2 Mark
Saisonkarte: Erwachsene 65 Mark, Kinder
und Jugendliche 35 Mark

Anfahrt:

Mit öffentlichen Verkehrsmitteln:
Buslinien 501,503 und 508

Adresse:

Freibad
Aggerdamm 22
53840 Troisdorf
Tel. 0 22 41-7 80 45

**Miniatur-Golf-Sportplatz
am Aggerfreibad**

Öffnungszeiten:

Mo-Sa ab 14 Uhr, So und Feiertag
ab 10 Uhr

Eintrittspreise:

Kinder bis 14 Jahre 2 Mark,
Erwachsene 3,50 Mark
Fanta und Tasse Kaffee 2 Mark
Tel. 0 22 41-7 18 58

Zu Kapitel: Auf Schumis Spuren

Adresse:

Kart-In Troisdorf
Uckendorfer Straße 135
53844 Troisdorf
Tel. 0 22 41-40 02 66

Öffnungszeiten:

Kinder dürfen sonntags zwischen
10 und 12 beziehungsweise 14 Uhr auf
die Bahn, außerdem aber während jeder
ersten Stunde nach der Öffnung:
Montags bis freitags 17 bis 24 Uhr,
samstags 15 bis 24 Uhr, sonntags
10 bis 24 Uhr

Preise:

10 Minuten 14 Mark
Preisbeispiel für eine Gruppe:
10 Kinder eine halbe Stunde
etwa 220 Mark inclusive 6 Karts.

Anfahrt:

Mit der S 12 Richtung Hennef bis Spich,
von dort mit dem Bus 505 bis Sieglar,
Haltestelle Haus Rott

Viele Parkplätze!

Eine weitere Indoor-Kart-Bahn gibt es
in Hennef, Josef Dietzgen-Straße 2,
Messehalle 2.1, 53773 Hennef,
Tel. 0 22 42-8 55 00.
Jeden Sonn- und Feiertag von 10 bis 13
Uhr treffen sich 10–14jährige Kinder zum
„Juniorclub". Für 15 Mark können sie
16 Runden auf der kleinen oder zehn
Runden auf der großen Bahn fahren.

Zu Kapitel: Zum Kindergarten der Karpfen

Adresse:

Fischereimuseum
der Fischereibruderschaft Bergheim
Nachtigallenweg
53844 Bergheim
Tel. 02 28-45 13 42

Öffnungszeiten:

Jeden 1. Sonntag im Monat,
15 bis 18 Uhr, Gruppenführungen nach
Vereinbarung
„Em Bootshaus" neben dem
Fischereimuseum, Nachtigallenweg 97,
(Tel. 02 28-45 44 24 oder 45 44 25), kann
man lecker essen und Kaffee trinken.

4. Erlebnis Siegburg

Zu Kapitel: Eine Insel der Stille

Adresse:

Abtei Michaelsberg
53721 Siegburg
Tel. 0 22 41-12 90

Öffnungszeiten:

Kirche: 5.30 Uhr bis 21 Uhr
Abteimuseum: Führungen sonntags
13 bis 13.45 Uhr

Anfahrt:

Mit öffentlichen Verkehrsmitteln:
Von Köln aus mit der S12 (Richtung
Au/Sieg) bis Siegburg, von da zu Fuß
etwa 15 Minuten. Es gibt zur Abtei eine
Fahrstraße, einen bequemen Fußweg
und einen steilen Anstieg für Sportliche.
Am Fuß des Berges liegt ein schöner
Spielplatz.

Zu Kapitel: Spaß im Naß

Adresse:

Oktopus Freizeitbad Siegburg,
Zeithstraße 110, 53721 Siegburg
Info-Telefon (Ansagetext)
0 22 41-59 05 59
Tel. 0 22 41-6 55 40,
Büro und Fax 0 22 41-6 55 20

Öffnungszeiten:

Hallenbad

(ganzjährig) Mo geschlossen,
Di–Fr 8-21 Uhr,
Sa, So, Feiertag 8-18 Uhr

Freibad

(etwa 15. Mai bis 10. September)
Mo 10-20 Uhr
(bei schlechtem Wetter geschlossen),
Di-Fr 8-20 Uhr, Sa, So, Feiertag 9-20 Uhr
(bei schlechtem Wetter 9-18 Uhr)

Familiensauna

Mo (ohne Badbenutzung) 14-21 Uhr,
Di, Do, Fr 9-21 Uhr, Mi 16-21 Uhr,
Sa, So, Feiertag 9-18 Uhr

Eintrittspreise:

Einzelkarte: Erwachsene 6 Mark, Kinder
und Jugendliche (6 bis 17 Jahre)
3 Mark

Ferienkarte: Erwachsene 80 Mark,
Kinder und Jugendliche 40 Mark
Familiensaisonkarte:
(zwei Erwachsene, zwei Kinder) 200 Mark
Feierabendtarif (nur Freibad,
Mo-Fr ab 18 Uhr): Erwachsene 3 Mark,
Kinder und Jugendliche 1,50 Mark

Sauna (ohne Bad): Erwachsene 6 Mark,
Kinder und Jugendliche 6 Mark
mit Bad: Erwachsene 12 Mark,
Kinder und Jugendliche 9 Mark

Familien mit drei und mehr Kindern
erhalten gegen Nachweis 50 Prozent
Ermäßigung auf den Einzeleintritt ins
Freibad.

Aktuelles Kursangebot: Wassergymnastik,
Rückenschwimmen, Aquajogging,
Kleinkindschwimmen für 4–6jährige,
Babyschwimmen

Anfahrt:

Mit öffentlichen Verkehrsmitteln:
Buslinien 476, 477, 510, 511
(halten direkt am Freibad)

Mit dem Auto: Über die B56 und die A3,
Parkmöglichkeiten am Oktopus

5. Erlebnis St. Augustin

Zu Kapitel: Einmal abheben

Adresse:

Flugplatz Hangelar
Richthofenstraße
53757 St. Augustin
MFI Mitfluginformation
Tel. 0 22 41-59 27 20

Anfahrt:

Straßenbahn Linie 66 Richtung Bonn,
Haltestelle Hangelar-West

Streckenvorschläge für die **Rundflüge**
(eigene Wünsche der Gäste werden
berücksichtigt, soweit möglich):

20 Minuten: Hangelar – Siegmündung –
Bonn und Venusberg – Rheinaue –
Siebengebirge – Bad Honnef –
Ahrmündung-Hangelar

30 Minuten: Hangelar – Siegmündung –
Anflug auf Flughafen Köln/Bonn –
Rheinschleife bei Porz –
Schloß Augustusburg – Phantasialand
Brühl – Bonn – Hangelar

40 Minuten (Schlösser und Berge):
Hangelar – Siebengebirge – Unkel –

Ahrmündung – Lacher See – Eifel –
Ahrtal – Kottenforst – Hangelar

60 Minuten (Baggergiganten und
Go-Karts): Hangelar – Vorgebirge
(Ultraleichtflugplatz) – Schloß Augustus-
burg bei Brühl – Phantasialand –
Ville (rekultiviertes Braunkohlenrevier) –
Überflug der Braunkohle-Fördergebiete
mit ihren riesigen Gruben –
Schumis Go-Kart-Bahn – Anflug auf die
Kölner Innenstadt von Westen-
Lindenstraße – Kölner Zoo –
Anflug Flughafen Köln-Bonn-Hangelar.

Für einen ersten Flug werden Spätherbst
und Winter empfohlen, dann sind die
Chancen besonders groß, daß der Flug
ohne thermische Turbulenzen verläuft.
Geflogen wird zu frei vereinbarten
Wunschterminen. Drei Fluggäste
(2 Kinder unter elf Jahren zählen als ein
Fluggast) zahlen für 20 Minuten
100 Mark, für je weitere zehn Minuten
50 Mark.

Zu Kapitel: Was es sonst noch gibt in St. Augustin

Adresse:

Haus Völker und Kulturen
Arnold-Janssen-Straße 26
53757 St. Augustin
Tel. 0 22 41-23 74 06

Anfahrt:

Mit der Straßenbahn 66 von Bonn und
Siegburg (Haltestelle St. Augustin-Ort)

Öffnungszeiten:

dienstags bis freitags 10 bis 13 Uhr,
14 bis 17 Uhr, samstags und sonntags
11 bis 17 Uhr, montags geschlossen

Eintrittspreise:

Erwachsene 2 Mark (Gruppen
ab 10 Personen 1,50 pro Person)
Schüler 1 Mark (Gruppen ab 10 Personen
0,75 Mark)

Gruppen bekommen nach vorheriger
Anmeldung eine Führung.

6. Erlebnis Windeck

Zu Kapitel: Wie einst Tante Emma

Heimatmuseum Altwindeck
im alten Schulgebäude

Öffnungszeiten:

Mittwochs, samstags, sonn- und feiertags
14-18 Uhr, sonntags und feiertags
10-12 Uhr, Gruppen nach Vereinbarung
Tel. 0 22 92-38 88 oder 20 71

Anfahrt Windeck:

mit der Deutschen Bundesbahn
(Köln – Betzdorf – Siegen)
oder S-Bahn Au/Sieg

Das Windecker Ländchen liegt im
Naturpark Bergischer Wald und hält
500 Kilometer markierte Wanderstrecke
mit vielen Parkplätzen bereit.
Auskünfte über Pensionen erteilen das
Verkehrsamt der Gemeinde Windeck in
Windeck-Rosbach (Tel. 0 22 92-6 01-0)
und der Verkehrsverein
„Windecker Ländchen"
in Windeck-Herchen (Tel. 0 22 43-3 09).

Sach- und Ortsregister

Bildnachweis

Alle Bilder: Ulrike Walden, außer:

S. 17: Prospekt Zahnradbahn

S. 47: „Flößerei auf dem Rhein", Hrsg. Siebengebirgsmuseum, Königswinter

S. 50: „Altes Handwerk und Hauswerk", Fotos von Walter Müller, Hrsg. Siebengebirgsmuseum, Königswinter

S. 63 ff.: Haus der Geschichte, Bonn

S. 71: Prospekt NRW-Stiftung Naturschutz, Heimat und Kulturpflege

S. 72: Prospekt Museumsmeile Bonn

S. 79: Prospekt Bilderbuchmuseum Troisdorf

S. 83: Christian Knieps

S. 92,: Heinrich Brodeßer: „Die Fischerei-Bruderschaft zu Bergeim an der Sieg, Hrsg. Fischereibruderschaft Troisdorf-Bergheim

S. 94: Heimatmuseum Windeck/Sieg

S. 106, 108: Klaus Schmitz

S. 109: Czaba Peter Rakoczy

S. 111, 113: Freizeitbad Oktopus

S. 120 ff.: „Was ist was"-Buch „Fliegerei", Neuer Tesslof Verlag

S. 126 oben: Stadt St. Augustin

S. 126 unten: Haus Völker und Kulturen

Literaturnachweis

Böseke, Heidi und Harry: „Das Bergische Land", J.P. Bachem Verlag

Brodeßer, Heinrich: Die Fischerei-Bruderschaft zu Bergheim an der Sieg, Hrsg. Fischereibruderschaft Troisdorf-Bergheim

Casdorff, Claus Heinrich (Hrsg.) „Weihnachten 1945", dtv

Herles, Helmut: „Von Geheimnissen und Wundern des Caesarius von Heisterbach", Bouvier Verlag

Hundhausen, Emil (Hrsg.) „25 Jahre Heimatmuseum Windeck/Sieg"

Führer Haus Völker und Kulturen

Kremer, Bruno (Hrsg.) Naturführer Bonn und Umgebung, Bouvier Verlag

Mittler, Placidus, „Abtei Michaelsberg Siegburg", Verlag Franz Schmitt

Pleticha, Heinrich, Müller Wolfgang: „Höhlen, Wunder, Heiligtümer", Herder Verlag

Siebengebirgsmuseum Königswinter (Hrsg.) „Altes Handwerk und Hauswerk", Siebengebirgsmuseum Königswinter (Hrsg.) „Flößerei auf dem Rhein",

Treff-Schülerbuch 1990, Velber Verlag

Uther, Hans-Jörg: „Sagen aus dem Rheinland", Verlag Diederichs

„Was ist Was"-Buch „Fliegerei", Neuer Tessloff Verlag